타고난 운을 바꿔드립니다

※ 책에 명시된 나이는 모두 한국을 기준으로 표기한 것임을 알려드립니다.

타고난 운을 바꿔드립니다

☆ 러브미두 지음 ☆

소소하지만 확실한
운 사용법

현익출판

들어가며

우리는 무슨 일이 생기면 흔히 머릿속에 '운'이라는 것을 떠올리곤 합니다. 특히 불운이 잇따르거나 자신의 힘으로는 도저히 감당할 수 없는 일이 생겼을 때, 누구나 '요새 운이 좀 안 좋은가?' 하고 생각하기 쉽지요. 그럼 대체 이 운이란 건 뭘까요?

우선 이 책을 맞아주신 여러분께 감사의 말씀을 드립니다. 점술가 러브미두Love me do라고 합니다.

이 책은 '운'이 좋아지는 책입니다.

세상에는 '운이 나쁘다'라고 밖에 설명할 수 없는 일들이 숱하게 일어납니다. 이는 운을 믿는 분이건, 믿지 않는 분이건 너무나 잘 아는 사실일 테지요. 고대부터 지금까지 인간은 무슨 일이 생길 때마다 '운'이라는 것에 기대지 않고서는 살아갈 수 없었는지도 모릅니다.

'운'을 의식하면 성공할 수 있습니다. 특히 '운이 안 좋을 때' 어떻게 할 건지는 그 사람의 기량에 따라 달라집니다. 인생이 마냥 꽃길일 수만은 없다는 사실은 누구나 잘 알고 있을 겁니다. 일이 잘 안 풀리는 시기는 반드시 누구의 삶에나 존재하기 마련입니다. 그런 시기에 운을 얼마나 좋게 바꿀 수 있는지가 앞으로 당신이 살아갈 인생을 결정짓습니다.

저는 점성술, 사주, 손금, 타로, 성명학, 풍수, 구성(九星), 해몽, 역학, 관상, 수비학(숫자와 사람, 사물 사이에 연관성을 찾는 학문) 등 거의 모든 점을 다 칩니다. 어쩌다 이렇게 다양한 점을 치게 되었을까요? 물론 점의 정확성을 높이기 위한 이유도 있지만, 논리나 이론에 재미를 붙여 푹 빠져 지내다 보니 어느덧 전부를 공부하게 되었습니다. 점술은 상당히 논리적입니다.

사실 점성술과 역학, 사주를 터득하면 모든 점을 칠 수 있습니다. 서양의 점성술, 동양의 주역(유학 오경 중 하나)과 음양오행론(사주의 근간이 되는 이론)에서 모든 것이 파생되어 나오

들어가며

기 때문이지요.

점이 그토록 논리적이라면 모든 점이 다 들어맞아야 하지 않을까요? 그런데 왜 어떤 점술가는 잘 맞히고 어떤 점술가는 잘 못 맞히는 걸까요? 그건 점괘의 99퍼센트는 이론에 근거하지만, 마지막 1퍼센트가 그 점술가의 역량에 따라 달라지기 때문입니다.

이를테면 누군가가 타로에서 사신 카드를 뽑았다고 칩시다. 사신 카드는 '나쁜 결말'을 의미합니다. 그래서 보통은 안 좋은 뜻으로 해석하지만, 앞으로 인생 최고의 황금기가 온다고 풀이할 수도 있는 카드입니다. 그런 경우에는 이제 불운은 끝난다는 신호인 셈이지요. 이처럼 카드를 어떻게 읽는지에 따라 점술가의 역량이 결정됩니다.

지금까지 5만 명에 달하는 사람의 점을 봐 왔습니다. 그리고 감사하게도 '잘 맞춘다', '만나면 운이 좋아진다'라는 말들을 자주 들었습니다. 특히 전국 각지에서 열리는 '운세 라이브'는 반응이 아주 뜨거워 매번 예약하기가 하늘의 별 따기라고 합니다.

 축구 팬이라면 알 수도 있는데, 축구 관련 방송 프로그램 《야베치 F.C.》에서 풋살 대결에 출연한 적도 있고, 축구 관련 점도 보고 있습니다. 제가 축구를 하는 이유는 점괘를 치는 데 큰 도움이 되기 때문입니다. 골을 넣을 수 있는 결정적인 패스를 할 때는 선수들끼리 머릿속에 같은 이미지를 얼마나 공유하는지가 성패를 좌우합니다. 이는 언어로는 느낄 수 없는 세계입니다. 축구만큼 영적인 스포츠도 없다고 생각합니다. 또 필드라는 대지에서 축구공이라는 운을, 서로 뺏고 빼앗으며 같은 편끼리 협동심을 발휘해 골을 넣는 사람들의 경기 모습을 들여다보면, 흡사 인생의 축소판처럼 느껴지기도 합니다.

 이 책을 통해 지금껏 수많은 분을 상담하면서 체득한, 운이 좋아지게 하는 비법들에 관해 소개하고자 합니다.

 이 책이 말하고자 하는 것은 아주 단순합니다. '운이 좋아지려면 변해야 한다' 이 한마디가 전부입니다.

들어가며

한번 생각해 보세요. 인생에 계속해서 아무 일도 일어나지 않고, 아무것도 바뀌지 않는다면? 늘 만나는 사람만 만나고 항상 가는 곳만 간다면?

어쩌면 딱 지금처럼만 살면 좋겠다고 현실에 안주하는 사람도 있을 테지요. 하지만 모든 사람은 반드시 나이를 먹고 변화를 겪습니다. 주위도 하나둘 변해갑니다. 인생에 나쁜 일이 일어나지 않으면 좋은 일도 절대 일어나지 않습니다. 아무것도 없는 인생은 그저 조금씩 기울어갈 뿐입니다. 더구나 본인이 아무리 조심한다 한들 인생에서 나쁜 일은 피할 수 없습니다.

이를테면 2020년에 창궐한 코로나바이러스만 해도 그렇습니다. 이는 지구를 들썩이게 한 대재앙입니다. 이 일로 강제로 변화할 수밖에 없는 처지에 놓인 사람도 많습니다.

'변화'에 대해 이야기해 볼까요? '변하고는 싶은데 잘 안 된다'라는 고민을 털어놓는 분들이 꽤 많습니다. 누구나 인생에서 반드시 '변해야 하는 시기'가 있습니다. 이 시기는 누구의 삶에나 반드시 있습니다. 이때 가장 중요한 것은 그것을 내가 얼마나 잘 간파하는가입니다.

가령 당신의 마음속에 이런 감정들이 차오른다고 칩시다.

'지금 만나고 있는 사람이 슬슬 싫어진다'

'이런 회사는 이제 죽어도 못 다닌다'

'전에는 잘 어울렸던 친구가 뭔가 마음에 안 든다'

이러한 마음의 소리는 곧 변화가 생길 거라는 징조입니다. 그냥 가볍게 흘려보내서는 안 됩니다. 하지만 자신의 그런 행동이 누군가에게 상처 줄까 두려워서, 혹은 변화 자체가 무서워서 변화로부터 도망칠 수도 있습니다. 하지만 이것만큼 막대한 손해도 없습니다.

변화는 스마트폰을 업그레이드하는 것과 비슷합니다. 자신을 부지런히 최첨단으로 업그레이드하면 연애건 일이건 인간관계건 술술 풀리기 마련이지요.

직장을 그만두는 정도의 커다란 변화가 아니어도 괜찮습니다.

'옷을 버리고 싶다', '방 정리를 하고 싶다', '이사 가고 싶다', '스마트폰이 고장 났다' 등도 전부 기회입니다. '반드시 보

들어가며

란 듯이 해내겠어'라는 강한 감정도 매우 좋은 징조입니다.

가장 좋은 방법은 새로운 사람과의 만남을 늘리는 것입니다. 이는 본문에서 자세히 소개하겠습니다.

변화에서 도망치는 건 둘 중 하나입니다. 기회가 왔는지 조차 모르거나, 변해야 하는데 보이지 않는 미래가 두려워 현재 상황에 집착하는 경우입니다.

미래가 불분명하다는 건 누구에게나 두려운 일입니다. 하지만 넓은 시각에서 보면 변하지 않는다는 말은 곧 삶을 포기한다는 말과도 같지요. 제 인생에는 더욱더 많은 변화가 찾아오면 좋겠습니다. 그러니 **여러분도 인생에 찾아오는 모든 변화의 순간들을 전부 기회라고 여겨보세요.**

그런 마음을 갖는다면 나쁜 일이 생겨도, 미래를 전혀 가늠할 수 없을 만큼 거센 파도가 몰아쳐도, 거기에 맞서 싸울 힘이 생깁니다.

그런데 '앞으로 내 인생에는 봄날만 있을 거야' 하는 생각은 좀 위험합니다. 그런 생각에 빠져 있다가 나쁜 일에 휩싸

이면 불안의 소용돌이 속으로 쉽게 빨려들어 갑니다. 괴롭고 힘든 일은 누구에게나, 어떤 인생에나 닥치기 마련입니다. 그것을 기회로 여기고 열과 성을 다하는 마음가짐이 필요합니다. 그런 사람만이 행운을 잡고 앞으로 쭉쭉 뻗어 나갈 수 있습니다.

자세한 건 본문에서 다시 소개하겠지만 사실 인생의 운은 태어나는 순간 정해집니다. 그 힘이 엄청 강해서 타고난 운을 바꾸기란 어렵다고들 합니다.

하지만 그와 상관없이 행운을 꽉 붙들어 자기편으로 만드는 강한 힘을 가진 사람도 있습니다. **바로 '변화'하는 사람입니다.**

작은 변화라도 한번 변화가 시작되면 다시는 예전으로 돌아갈 수 없습니다. 아니, 되돌아가지 않습니다.

이 책을 읽기 시작한 시점부터 당신에게는 이미 새로운 변화가 생긴 것입니다.

당신이 변화를 두려워하지 않기를, 부디 힘내서 행운을 잘 잡을 수 있기를 간절히 염원하겠습니다.

목차

Chapter 1
변화 없이는 운도 없다

들어가며 • 4

운 총량의 법칙 • 21

운의 값을 미리 치르면
불운을 피할 수 있다 • 24

운은 가족끼리 주고받는다 • 27

가족 운의 법칙 • 29

운은 가까운 사람과도 주고받는다 • 32

운에도 균형이 있다 • 35

큰 행운이 찾아왔다면 조심하라 • 37

겸손한 사람은 운의 그릇이 크다 • 39

타고난 운명은 바꿀 수 있다 • 41

운이 좋아지는 유일한 방법 • 45

노력보다는 환경 • 48

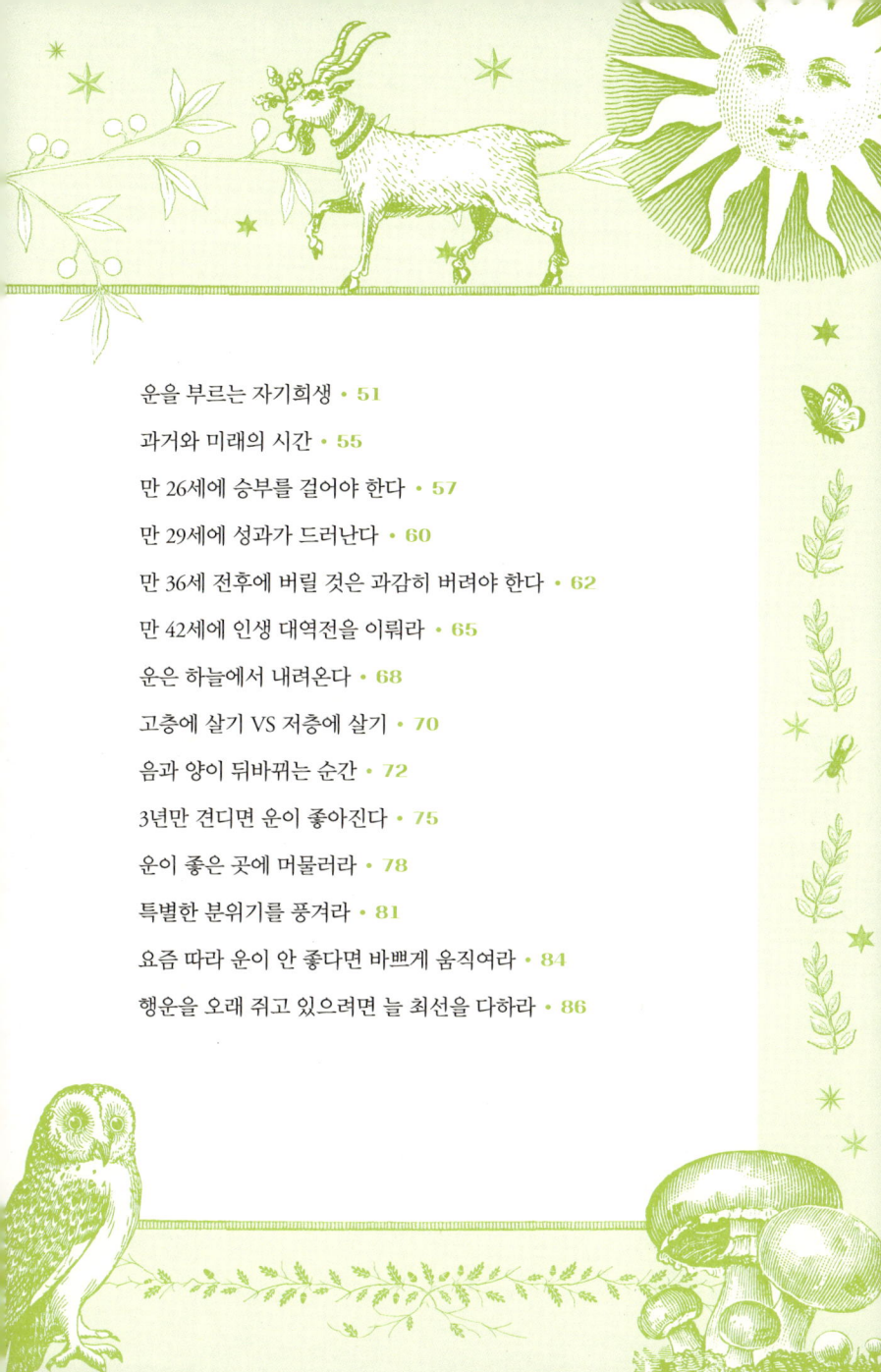

운을 부르는 자기희생 • 51

과거와 미래의 시간 • 55

만 26세에 승부를 걸어야 한다 • 57

만 29세에 성과가 드러난다 • 60

만 36세 전후에 버릴 것은 과감히 버려야 한다 • 62

만 42세에 인생 대역전을 이뤄라 • 65

운은 하늘에서 내려온다 • 68

고층에 살기 VS 저층에 살기 • 70

음과 양이 뒤바뀌는 순간 • 72

3년만 견디면 운이 좋아진다 • 75

운이 좋은 곳에 머물러라 • 78

특별한 분위기를 풍겨라 • 81

요즘 따라 운이 안 좋다면 바쁘게 움직여라 • 84

행운을 오래 쥐고 있으려면 늘 최선을 다하라 • 86

Chapter 2 - 행복한 사랑은 행복한 나로부터 시작된다

연애 고수가 알려주는 이별 방지법 • 89

운명의 짝을 만나고 싶다면 • 92

좋아한다는 말 대신 신경 쓰인다고 말하라 • 95

호의를 받을 줄 아는 사람 • 98

칭찬을 받아들이는 나만의 대답 • 101

부족한 부분을 드러내라 • 104

힘든 사랑이 끝난 뒤엔 무조건 좋은 일이 있다 • 107

연애 상대를 보면 나의 문제를 알 수 있다 • 110

화를 내야 할 때는 참지 말아라 • 121

사소하게라도 아부하지 않는다 • 123

초조하면 그만둬라 • 125

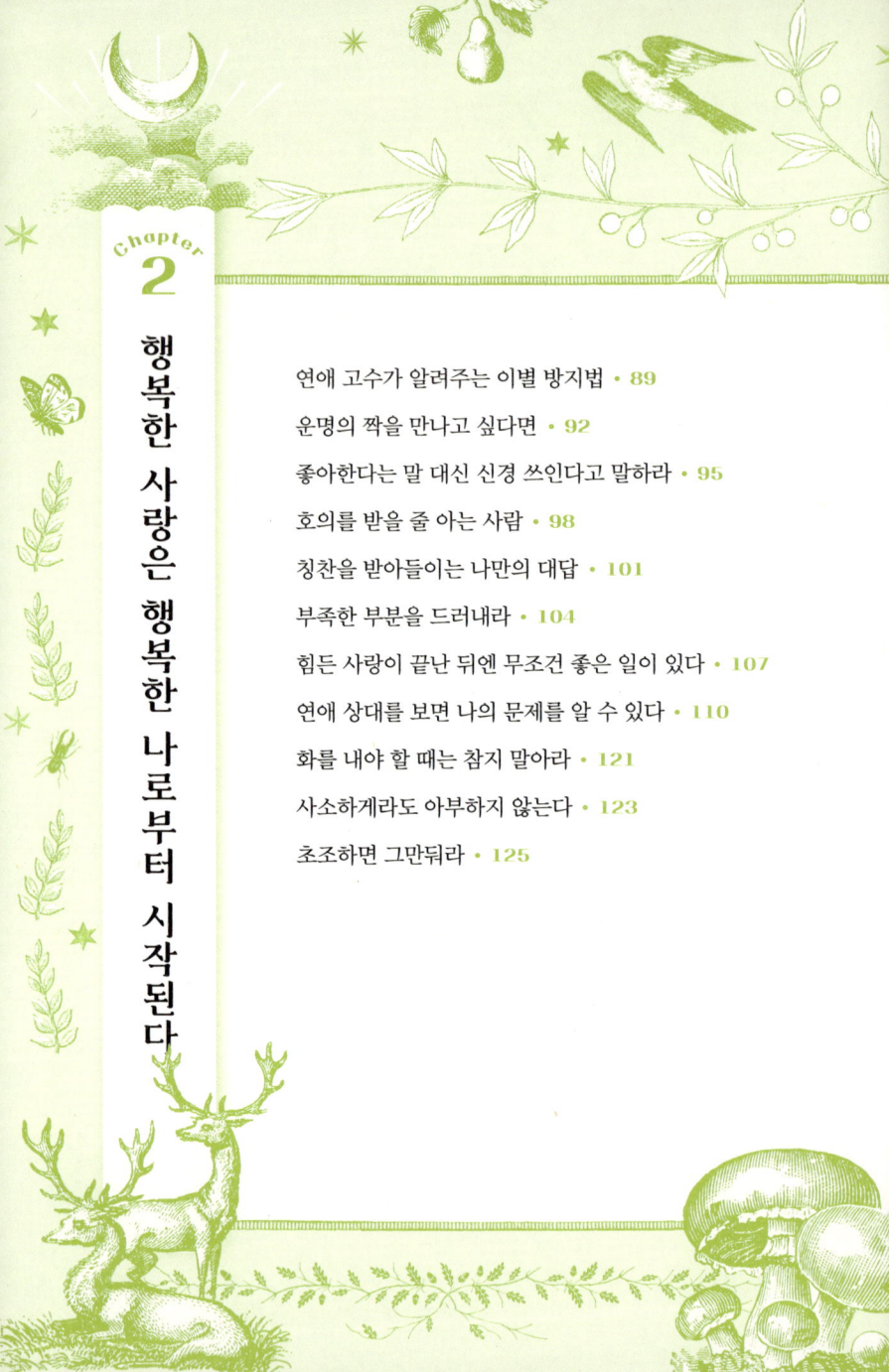

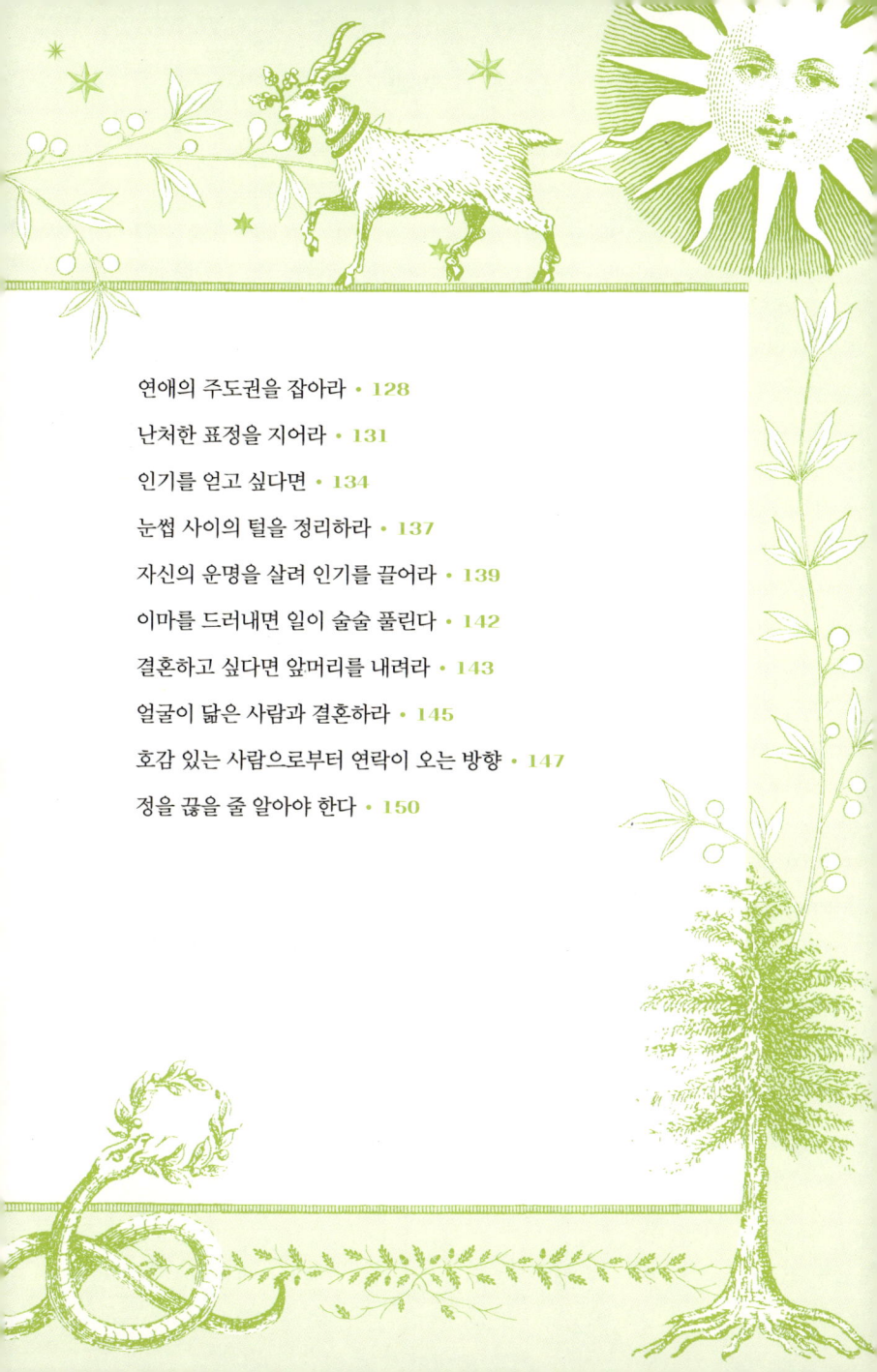

연애의 주도권을 잡아라 · **128**

난처한 표정을 지어라 · **131**

인기를 얻고 싶다면 · **134**

눈썹 사이의 털을 정리하라 · **137**

자신의 운명을 살려 인기를 끌어라 · **139**

이마를 드러내면 일이 술술 풀린다 · **142**

결혼하고 싶다면 앞머리를 내려라 · **143**

얼굴이 닮은 사람과 결혼하라 · **145**

호감 있는 사람으로부터 연락이 오는 방향 · **147**

정을 끊을 줄 알아야 한다 · **150**

Chapter 3 영적인 세계를 잠시 들여다보다

인간보다 더 큰 존재 · 153

신은 분명히 지켜보고 있다 · 155

파워 스폿이란 무엇일까? · 158

집에서 먼 곳일수록 좋다 · 160

재물운은 물과 길을 따른다 · 161

전생의 기억은 손에 배어 있다 · 162

욕실에서 좋은 기를 받아라 · 164

신이 잠깐 보였을 때 기회를 꽉 잡아라 · 167

나만의 신성한 공간 · 169

용을 발견하면 운은 자연히 따라온다 · 172

파워 스톤이란 무엇일까? · 175

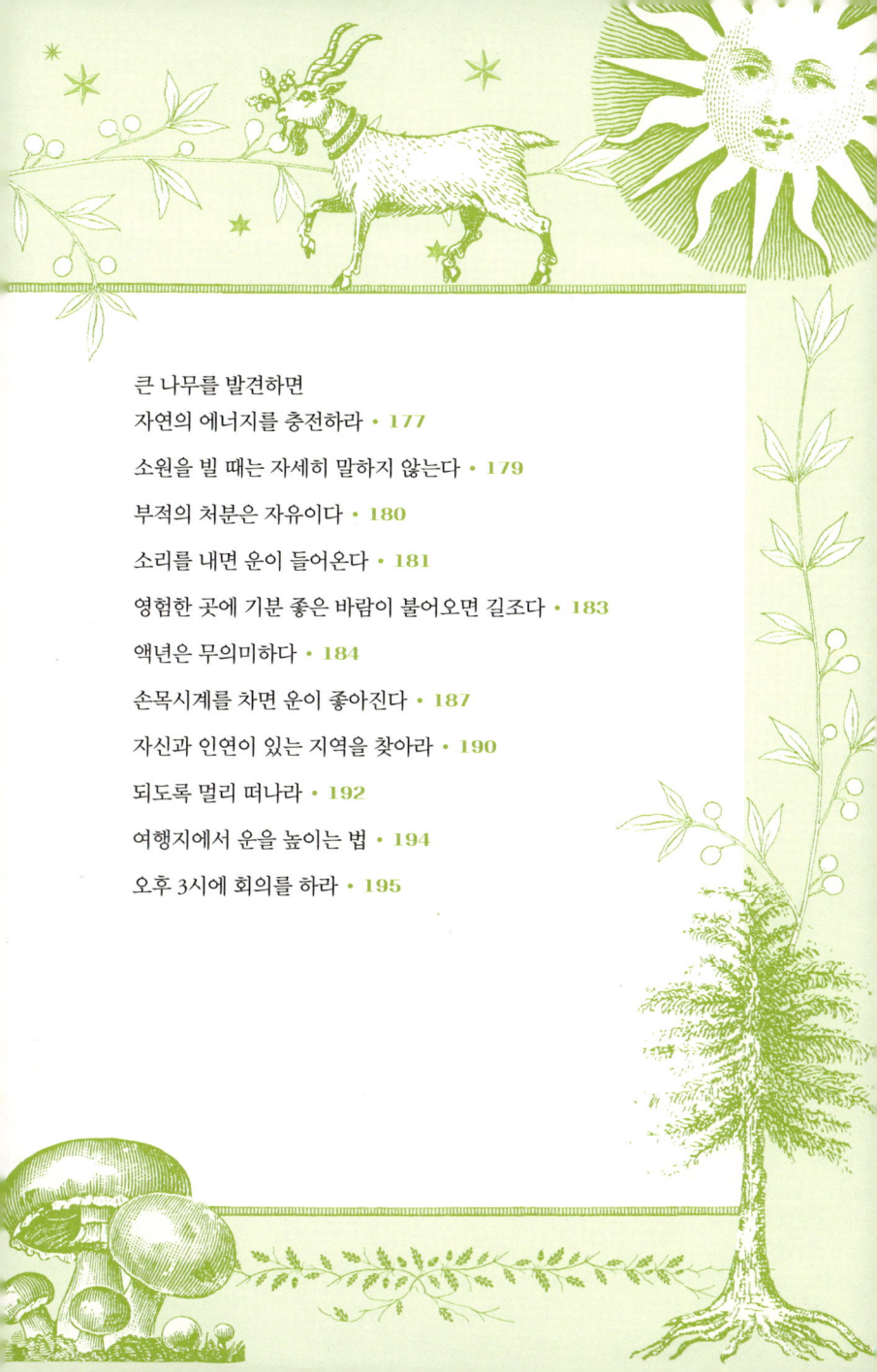

큰 나무를 발견하면
자연의 에너지를 충전하라 • 177

소원을 빌 때는 자세히 말하지 않는다 • 179

부적의 처분은 자유이다 • 180

소리를 내면 운이 들어온다 • 181

영험한 곳에 기분 좋은 바람이 불어오면 길조다 • 183

액년은 무의미하다 • 184

손목시계를 차면 운이 좋아진다 • 187

자신과 인연이 있는 지역을 찾아라 • 190

되도록 멀리 떠나라 • 192

여행지에서 운을 높이는 법 • 194

오후 3시에 회의를 하라 • 195

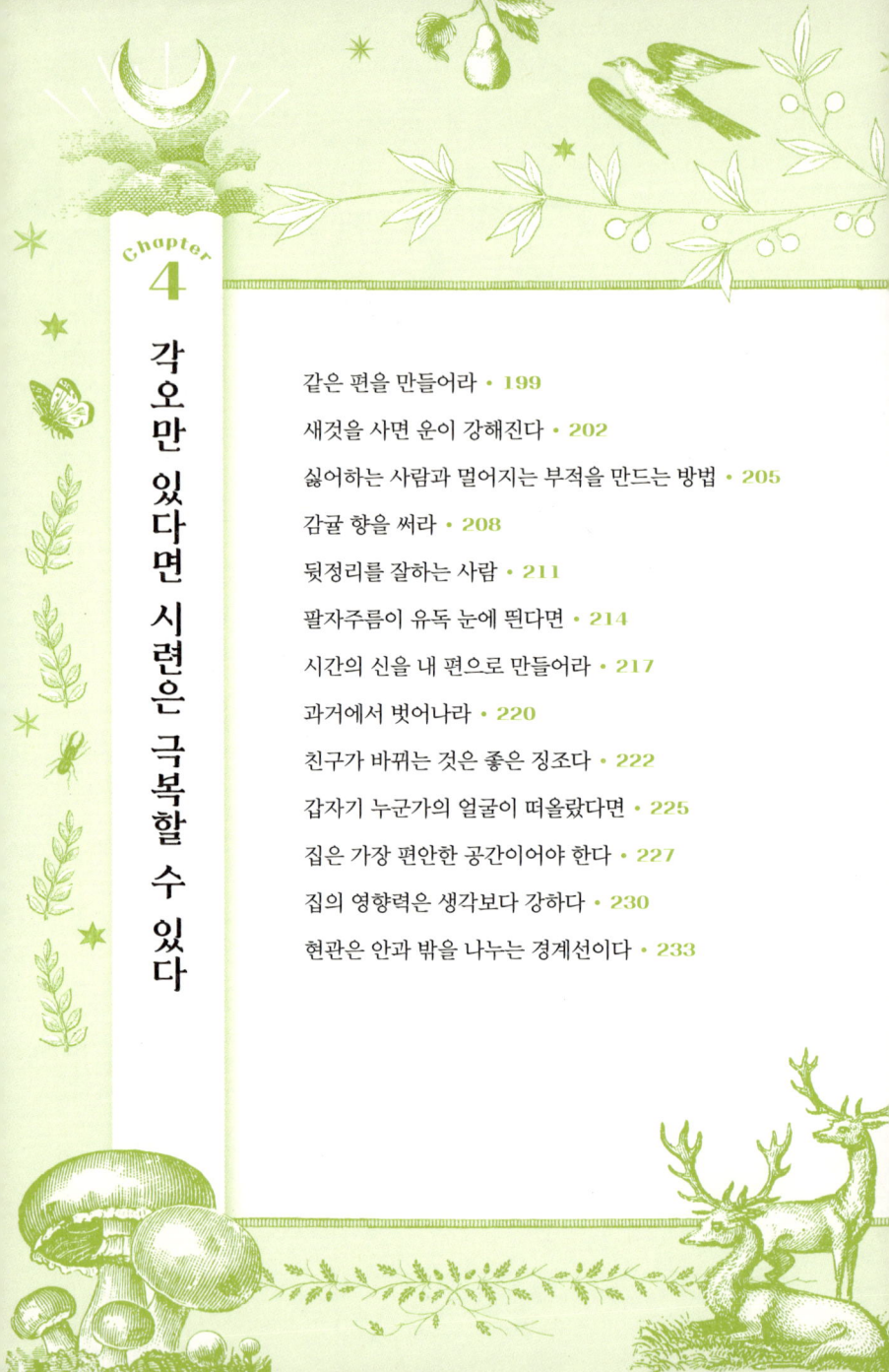

Chapter 4
각오만 있다면 시련은 극복할 수 있다

같은 편을 만들어라 • 199

새것을 사면 운이 강해진다 • 202

싫어하는 사람과 멀어지는 부적을 만드는 방법 • 205

감귤 향을 써라 • 208

뒷정리를 잘하는 사람 • 211

팔자주름이 유독 눈에 띈다면 • 214

시간의 신을 내 편으로 만들어라 • 217

과거에서 벗어나라 • 220

친구가 바뀌는 것은 좋은 징조다 • 222

갑자기 누군가의 얼굴이 떠올랐다면 • 225

집은 가장 편안한 공간이어야 한다 • 227

집의 영향력은 생각보다 강하다 • 230

현관은 안과 밖을 나누는 경계선이다 • 233

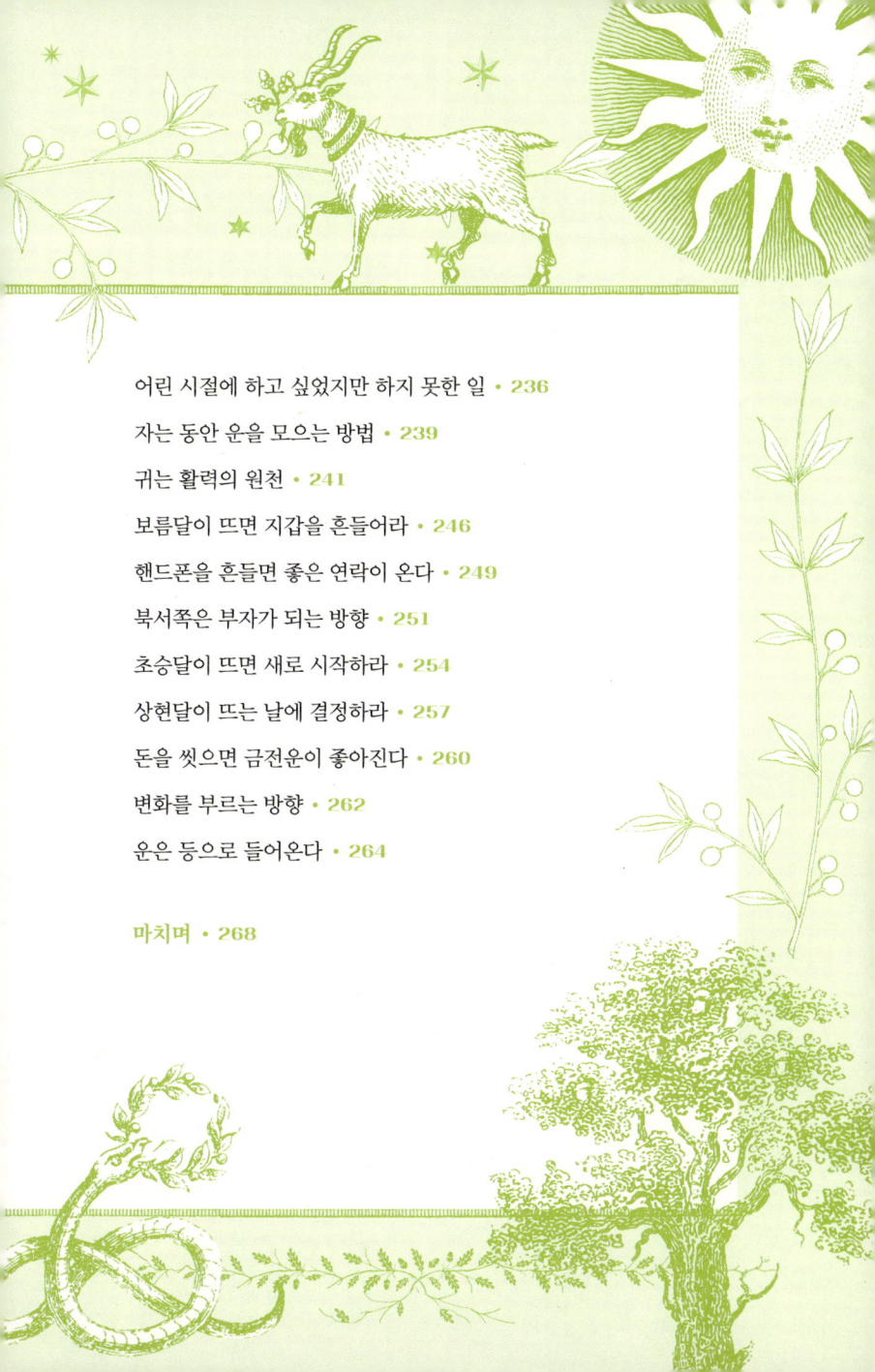

어린 시절에 하고 싶었지만 하지 못한 일 • 236
자는 동안 운을 모으는 방법 • 239
귀는 활력의 원천 • 241
보름달이 뜨면 지갑을 흔들어라 • 246
핸드폰을 흔들면 좋은 연락이 온다 • 249
북서쪽은 부자가 되는 방향 • 251
초승달이 뜨면 새로 시작하라 • 254
상현달이 뜨는 날에 결정하라 • 257
돈을 씻으면 금전운이 좋아진다 • 260
변화를 부르는 방향 • 262
운은 등으로 들어온다 • 264

마치며 • 268

Chapter 1

변화 없이는 운도 없다

운 총량의
법칙

Chapter 1
변화 없이는 운도 없다

'뭐 좋은 일 좀 없으려나?'

'왜 이렇게 하는 일마다 꼬이는 것 같지?'

살다 보면 문득 이런 생각이 꼬리에 꼬리를 무는 시기가 있습니다. 아니면 지금보다 더 혹독한 불행이 닥치지는 않을까, 조마조마 애를 태우고 있을 수도 있고요.

그럴 때 한 가지 기억해 두어야 할 점이 있습니다. 바로 '+ - 0(플러스마이너스 제로)'의 법칙입니다. **인생에서 운의 총량은 이미 정해져 있습니다.**

좋은 일이 있으면 나쁜 일도 있는 법입니다. 그래서 '화와 복은 꼬아놓은 새끼줄과 같다'라는 말도 있지요. 이는 '좋은 일'과 '나쁜 일'이 하나로 연결되어 떼려야 뗄 수 없는 관계에 있다는 의미입니다. **다시 말해 나쁜 일만 계속해서 일어날 수가 없다는 뜻이지요.**

이를테면 어린 시절에는 몹시 가난했던 사람이라 할지라도 어른이 되어서는 충분히 부자의 삶을 누릴 권리가 있습니다. 그래서 불우한 처지에 놓였던 사람일수록 무궁무진한 행운의 기회가 기다리고 있는 법입니다.

그동안 연거푸 일이 안 풀렸다면, 이는 곧 행운이 다가올 거라는 신호입니다. 쓰디쓴 역경을 이겨내면 반드시 좋은 일이 기다리고 있기 마련이니까요. 그러니 너무 고민하지 말고 때가 올 때까지 기다려보면 어떨까요?

불행이 폭풍처럼 몰아칠수록 엄청난 대운이 들어올 징조라고 생각해 보세요. 운이 꼬이면 꼬일수록 되돌아오는 행운도 눈덩이처럼 불어납니다. 운의 반동이 커지는 것이지요. 다만 그 반대의 경우도 마찬가지입니다. 그러니 쭉 행운을 누렸다면 이제는 슬금슬금 다가오는 불운을 잘 대비해야 할 차례입니다.

Chapter 1
변화 없이는 운도 없다

운의 값을 미리 치르면
불운을 피할 수 있다

연거푸 행운이 찾아왔다면 이젠 어떻게 해야 할까요? 뒤따르는 불운을 막을 방법이 있을까요?

결론부터 말씀드리면 불운은 피할 수 있습니다.

앞서 이야기한 '+ - 0'의 법칙을 떠올려 주세요.

이를테면 '전철에서 눈앞에 빈자리가 생겨도 앉지 않는다', '기부를 한다' 등 다른 사람을 위해 남들이 꺼리는 일을 손수 도맡아 하는 것입니다. 이때 중요한 점은 '난 지금 몹시 앉고 싶지만……', '지금 나도 빠듯한 형편이지만……' 하는 마음속 감정입니다. 바로 눈앞에 자리가 나면 '오예! 횡재했다'라고 생각하기 쉽습니다. 하지만 소중한 운을 그런 식으로 써서는 안 되겠지요? 조금만 참고 이런 곳에 불운을 미리 써버리세요.

그 밖에도 '엄격한 학교에 가서 공부한다', '일부러 스마트폰을 쓸 수 없는 환경에 몸을 맡긴다' 등 속으로는 하나도 내키지 않는 얽매이고 불편한 생활을 찾아서 하는 것만으로도 운은 좋아집니다. 엄숙한 분위기의 템플스테이에 참가하는 것도 좋은 방법이겠지요.

나쁜 일을 피하려면 '나만 승승장구할 거야', '나만 행복할 거야'와 같은 '나만'이라는 이기심을 자연스레 잊는 것이 중요합니다.

덧붙여서 이익을 얻고 싶은 마음이 생기면 행운을 미리 치르는 셈이 되어 어딘가에서 거대한 불행이 생기게 됩니다. 가령 도박으로 돈을 딴 사람이 있다 칩시다. 그 사람은 큰 운을 잃고 있는 셈입니다.

도박에 재주가 있어 보이는 사람도 분명 다른 일로는 겸허하게 살아가고 있을 있을 확률이 높습니다. 하는 일마다 잘 되는 경영자들도 거액을 기부하거나 봉사 활동을 하는 사람이 많습니다.

성공한 사람이나 유명인이라고 해서 언제나 성인군자일 순 없습니다. 다만 지인들을 비롯한 주위 모든 사람에게 선

Chapter 1
변화 없이는 운도 없다

행을 베풀며 좋은 사람이 되려고 노력하거나 나쁜 모습을 보여주지 않는 자세만으로도 운은 켜켜이 쌓여갑니다.

요즘 들어 좋은 일만 잇따른다면 지금이야말로 자기희생 정신을 잊어서는 안 될 시기입니다. 이때다 싶은 순간 힘을 발휘하려면, 운이 따를 때 착실히 투자해 나가야 합니다. 이처럼 운의 균형을 맞추는 연습을 꾸준히 해나간다면 행운을 꽉 잡는 사람으로 거듭나겠지요.

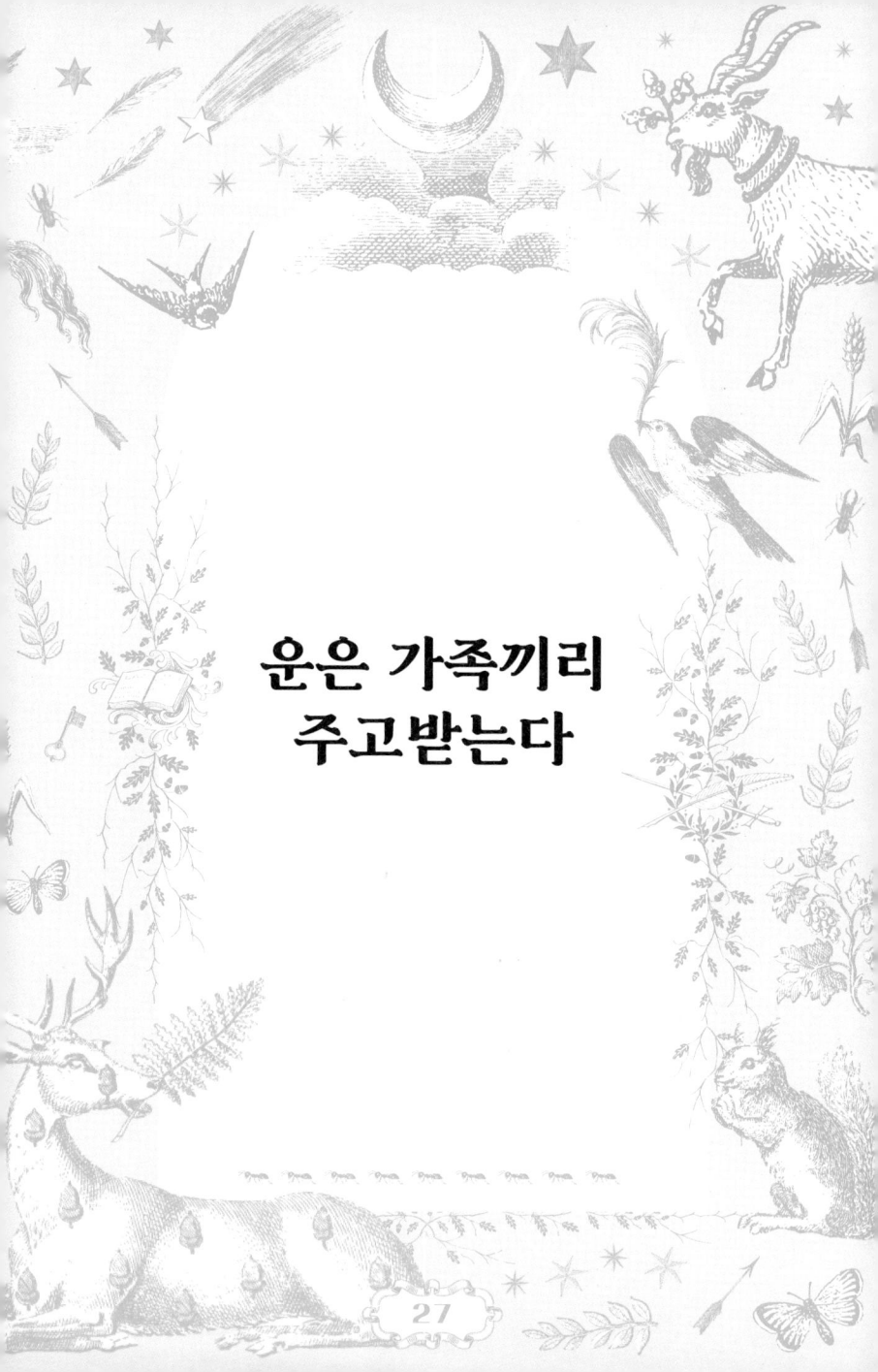

운은 가족끼리 주고받는다

Chapter 1
변화 없이는 운도 없다

　운은 가족끼리 공유하는 것입니다. 자녀가 태어나면 부모(특히 남성)는 업무운이 좋아집니다. 하지만 아이가 다 커서 독립하는 순간 부모의 운은 꺾이기 시작합니다. 사실 부모는 그때까지 자녀들에게서 운을 받은 것입니다. **운은 가족끼리 주고받습니다.**

　자녀가 독립선언을 하고 도시로 떠난 지 두세 해가 지나면 부모가 큰 병에 걸리거나 일이 잘 안 풀리기도 합니다. 이는 자녀에게 운이 넘어갔기 때문이지요.

　하지만 부모가 그때까지 운을 쓰지 않고 평범한 생활을 해왔다면 그 운은 자녀 앞으로 차곡차곡 쌓여, 자녀가 20대가 되면서부터 소위 대박 터지는 일도 잦습니다.

　그래서 슬하에 자녀를 많이 둔 부모라면 아이들이 성인이 된 이후에는 여러 가지로 주의를 기울여야 합니다.

　덧붙이면 모든 자녀에게 운이 골고루 돌아가는 일은 드뭅니다. 누구 한 사람이 독차지하는 것이 운의 법칙입니다. 한 아이만이 그 가족의 운을 이어받습니다. 그럼 이러한 가족운에 대해서 좀 더 자세히 살펴볼까요?

가족 운의 법칙

　음양오행론은 이 세상의 모든 것, 즉 삼라만상(우주 속 온갖 사물, 현상)의 이치를 밝히기 위한 학문입니다. 만물을 나무(木), 불(火), 흙(土), 쇠(金), 물(水)에 빗대어 이해하는, 예로부터 전해져 내려오는 학문이지요. 이는 물론 가족에게도 견주어 생각할 수 있습니다.

　가령 아버지를 '나무(木)'라고 치면 아이는 그것을 돕는 '쇠(金)'라고 볼 수 있습니다. 이러한 쇠는 도끼라고도 할 수 있습니다. 도끼는 나뭇가지의 잎을 쳐내 나무가 쑥쑥 자라게끔 돕는 역할을 합니다. 하지만 훗날 아이가 어른이 되면 아버지가 베여 쓰러지는 때가 옵니다. 이때 아버지는 자녀가 자신을 뛰어넘도록 도와주어야 합니다.

　하지만 때때로 나무가 너무 크면 아이가 녹슨 쇠가 되어버리는 일도 있습니다. 이렇게 되면 불행해집니다. 부모 때문에 아이가 망가져 버리는 것이지요. 무슨 수를 써도 아버지를

Chapter 1
변화 없이는 운도 없다

이길 순 없다는 완강한 태도를 지녀서는 안 됩니다. **때가 되면 적당히 베여 넘어갈 줄도 알아야 합니다.** 그러니 언젠가 그런 날이 다가오면 행복하다고 여겨야 합니다.

반면 어머니의 경우는 조금 다릅니다. 어머니를 '나무(木)'라 치면 아이는 '불(火)'에 해당합니다. **아이의 불이 활활 타오르려면 어머니는 자녀가 하고 싶은 대로 내버려 두어야 합니다.**

어머니가 자녀 인생에 지나치게 간섭하거나 자녀를 과잉보호하면 어떻게 될까요? 불에 장작을 넘치도록 지피는 꼴이 되어 아이의 불이 활활 타오르지 못하고 불씨가 꺼져버립니다. 이는 어머니가 한 집안을 책임지는 대들보 역할을 하고 아버지가 가사 일을 맡는 경우도 마찬가지입니다.

자녀가 많으면 많을수록 그 자녀들은 부모에게 운을 줍니다. 그런데 부모가 빛을 발하면 발할수록 아이에게는 운이 따르지 않습니다. 그러니 부모는 언제까지나 사회의 최일선에서 활약하려 하기보다, 때가 되면 물러설 줄도 알아야 합니다.

나이가 들어서도 늘 아버지가 '집안에서 가장 돋보이는' 삶을 살게 되면, 아내에게 문제가 생기거나 자녀의 출셋길이 막힙니다. 아이가 성장하면 부모는 되도록 사회에 봉사하는 역할로 살기를 권합니다.

그리고 훗날 부모가 세상을 떠나면 그 운은 자녀에게 돌아갑니다. 상심에 빠진 자녀는 그런 운 따위 가져서 뭐 하겠냐고 여길 수도 있지만, 이것도 운의 법칙입니다. 기꺼이 받아들이는 마음가짐이 필요합니다.

운은 가까운 사람과도 주고받는다

가족 간의 운에 관하여 이야기 했지만, 운은 늘 가까이 있는 사람 사이에도 주고받습니다.

이를테면 직장에서처럼 가족 다음으로 긴 시간을 함께 보내는, 피할 수 없는 인간관계도 마찬가지입니다. 우리와 가까운 사람들은 운명공동체입니다.

그러므로 직장에서 누군가의 일이 잘 풀리면, 불행히도 다른 누군가의 일이 잘 안 풀리면서 운의 균형이 맞춰집니다. **그러니 같은 팀원이 감기에 걸렸거나 일이 안 풀릴 때는 '나 대신 이 사람이 나쁜 운을 가져갔구나' 하고 생각해 주세요.**

운을 높이는 방법은 '불운을 미리 떠맡는 것'입니다. 인생에서 운의 양은 정해져 있습니다. 미리 불운을 치르면 나중에는 운이 좋아집니다.

당신의 팀에 성과가 더딘 사람이 있다고 칩시다. 직장의 환경도 개개인의 '행운 투자'로 구성되어 있습니다.

누군가 직장에서 모두가 꺼리는 일을 떠맡으면 좋은 운은 주위 사람에게로 돌아갑니다.

만약 누군가를 팀 내 걸림돌이라고 생각한다면, 당신은 이

Chapter 1
변화 없이는 운도 없다

미 그 사람보다 높은 성과를 내고 있겠지요.

이런 말씀 드리기 죄송하지만, 일이 잘 풀리고 있을 때일수록 '내가 다른 사람의 운을 쓰고 있구나' 하며 스스로 궂은일을 도맡아 해야 합니다.

예를 들자면 복사 용지를 채워 넣거나 귀찮은 일들을 앞장서서 하는 겁니다. '제가 하겠습니다!' 하고 상대방을 위하는 마음마저 지니면 금상첨화겠지요.

'빈둥거리는 사람도 있는데, 굳이 내가 그렇게까지 해야 하나?'라는 기분이 들 수도 있겠지만, 그렇게 투자한 운은 행운이 되어 자신에게 되돌아옵니다. 팀은 하나의 운을 나눠 갖습니다. 그러니 우선 전체 운을 높여야 합니다.

만약 일도 잘 안 풀리는 데다 팀원들조차 아무것도 안 하려 든다면, 이런 때일수록 힘을 내야 합니다. 일이 잘 풀리려면 자기 혼자만의 운이 아닌 주위의 기운을 받아야 합니다. 자기 욕심만 채우지 않고 다른 사람에게도 돌려주면서 열심히 나아가다 보면 신이 보살피고 도와줍니다.

운에도 균형이 있다

 가족이나 공동체가 서로 운을 주고받는다는 것을 알았다면 관건은 지금 구성원 중 누가 운을 쓰고 있느냐입니다.

 부부 사이에 어느 한쪽의 일이 순탄하게 흘러간다면, 안타깝게도 한쪽은 일이 꼬이는 식으로 운의 균형이 잡힙니다.

 남편이 중요한 일을 성사해냈다면, 같은 타이밍에 아내는 직장에서 실수를 저지르거나 지갑을 잃어버릴 확률이 높습니다. 더 작은 일로는 충치가 생기거나 감기에 걸리는 등 몸 상태가 안 좋을 수도 있고, 자칫 부부 사이에 틈이 벌어질 수도 있습니다.

 하지만 괜찮습니다. 운의 값을 치르면 되니까요.

 남편이든 아내든 **일이 잘 풀리는 쪽이 궂은일을 도맡아 하기를 추천합니다.** 빨래나 요리 같은 가사일 외에도, 둘 중 어느 한 사람이 일터에서 한껏 지쳐 돌아왔을 때 '오늘, 힘들었죠?' 하며 상대방을 위해주는 마음으로 어깨를 주물러주거

Chapter 1
변화 없이는 운도 없다

나 편의점에서 간식거리를 사주는 행동도 좋겠지요.

'상대방을 위해 무언가를 해 주는 일', 즉 자기희생이 무엇보다 중요하기 때문에, 이것만 의식해서 전보다 잘해도 부부 관계가 원만해지는 계기가 될 수 있습니다.

큰 행운이 찾아왔다면 조심하라

앞에서도 누누이 이야기했지만, 운은 '+ - 0(플러스마이너스 제로)'입니다.

그래서 자신의 실력을 넘어선 성과를 내거나 갑자기 운이 좋아지고 큰돈이 들어오는 등 나에게만 행복한 일이 생긴다고 느낀다면 조심해야 합니다. **분에 넘치는 행운이 찾아왔을 때 말입니다.**

이럴 때는 기부를 하거나 누군가에게 선물을 해 보세요. 후배에게 한턱내도 좋습니다. 다시 말해, 자신에게 일부러 마이너스를 만드는 겁니다.

생각지 못한 엄청난 행운은 곧 불운이 닥친다는 징조일지도 모릅니다. 이를테면 복권 1등에 당첨되어 갑자기 몇십억을 받는다면, 그 후의 인생은 어떻게 될까요? '내가 한 일과 비교하면 보수를 많이 받았다', '부잣집 사람과 결혼했다' 등도 마찬가지입니다. 무슨 일이든 큰 행운이 찾아왔다고 해서

Chapter 1
변화 없이는 운도 없다

마냥 기뻐할 일은 아닙니다. 이럴 때는 유비무환이라는 말도 있듯이 다가올 불운에 대비해야 합니다.

또 가족 운은 함께 공유하기 때문에 가족에게 불운이 닥칠 수도 있습니다.

잘 사는 사람 중에는 기부를 하거나 사회에 이바지하는 사람도 많습니다. 오직 자신의 행복과 기쁨만을 위해서만 돈을 쓰면 불행해집니다.

겸손한 사람은 운의 그릇이 크다

불행을 잘 피하는 사람이 있습니다. 바로 '겸손'한 사람입니다. 평소 겸손한 사람은 큰 행운이 찾아와도 자신의 실력이라고 자만하지 않고 늘 주위에 감사를 표하며 자연스레 운의 값을 치릅니다. 불행을 피할 수 있다니, 한편으로 참 대단해 보이지 않나요?

'난 겸손한 거랑은 좀 거리가 먼데……' 하고 흠칫 놀라는 분도 있겠지요. 이런 분은 평상시에 너무 나서지 않고, 자신이 활약해야 할 때만 주장을 펼치도록 신경 써야 합니다. 그러니 **항상 리더 역할만 맡는 건 좋지 않겠지요. 늘 주변 사람들을 주인공으로 내세우는 사람이야말로 운의 그릇이 커집니다.**

또 사당이나 절, 교회 같은 종교시설에 가는 것도 좋습니다. 나보다 훨씬 큰 힘을 가진 거룩한 존재가 이 세상에 존재한다, 운명은 내 의지와 무관하게 결정된다는 것을 인식하

Chapter 1
변화 없이는 운도 없다

면 운을 끌어당길 수 있습니다. 부적 같은 것을 몸에 지녀도 같은 효과를 얻을 수 있지만, 직접 신을 만나러 가면 더 강한 기운을 느낄 수 있습니다. 신 앞에선 겸손해야 합니다. **신 아래서는 모두가 한낱 평범한 인간에 지나지 않다는 사실을 깨닫게 되면 인생이 달라집니다.**

타고난 운명은
바꿀 수 있다

Chapter 1
변화 없이는 운도 없다

운은 '+ - 0' 외에도 큰 특징이 있습니다.

이 특징을 풍수에서는 **1 숙명, 2 운명, 3 풍수, 4 음덕, 5 노력이라고 합니다.**

상위에 있는 것이 하위에 있는 것을 옭아맵니다.

부잣집에서 태어났다, 가난하다, 머리가 좋다, 운동 신경이 좋다, 외모가 출중하다, 이런 것들은 모두 숙명입니다. 숙명은 기를 쓰고 발버둥 쳐도 거스를 수 없습니다. 도저히 어떻게 할 수 없을 정도로 막강한 힘을 지니고 있습니다. 이런 엄청난 힘은 바꾸기 어렵습니다.

그렇다고 해서 지레 포기하거나 낙담하라는 뜻은 결코 아닙니다.

가장 강력한 힘을 지닌 숙명은 곧, '지금의 나 자신'입니다. 인생을 살아가는 데 있어 기본 중의 기본은 지금의 나 자신을 받아들이는 것입니다.

태생은 바꿀 수 없으므로 무엇보다 현재 자신의 처지를 정확히 아는 것이 중요합니다.

숙명은 달리 말하면 죽을 때까지 변하지 않는 무기입니다. 이런 자신의 무기를 어떻게 사용할 것인가, 여기에 큰 힌트가 숨어 있습니다.

삶에서 운명의 힘을 최대한 끌어올리면 두려울 것이 하나도 없습니다.

'운명'이란 우리가 생각하는 모든 운을 말합니다. 타고난 운은 인생에 큰 영향을 끼치지만, 자신이 어떻게 행동하느냐에 따라 운명이 바뀌고 운이 트입니다. 이처럼 운명은 바꿀 수 있습니다.

'응? 지금까지 운은 바꾸기 어렵다고 하지 않았나요?' 하고 생각하는 분도 있을 텐데 그게 바로 열쇠입니다. 타고난 운을 바꾸기란 상당히 어렵지만, 변화를 두려워하지 않는 사람에게는 가능한 일입니다. 자세한 건 다음 항목에서 설명할 테니 일단 여기서는 이 정도만 기억해 주세요.

우리는 '운'을 이해하고 어떻게 운을 잡을지에 대한 방법을 알아야 합니다.

변화 없이는 운도 없다

그러려면 3 풍수, 4 음덕, 5 노력에 관해 아는 것이 중요합니다. 풍수는 곧 '환경'을 말합니다. 풍수는 현재의 환경을 바꾸거나 좋게 만드는 학문입니다. 운이 트이려면 현재 자신이 있는 장소나 상황을 바꾸는 것이 매우 중요합니다.

행여 어떠한 사정으로 환경을 바꾸기 어렵다면 덕을 쌓아야 합니다. 덕을 쌓으라는 말은 곧 선행을 베풀라는 뜻입니다. 착실히 덕을 쌓으면 운은 점점 좋아집니다.

그리고 마지막이 노력입니다. '노력은 순위가 꽤 낮네?' 하고 생각하실 수도 있는데, 안타깝게도 그렇습니다. 노력보다는 타인을 위해 덕을 쌓는 쪽이 행운을 부릅니다.

모든 일에는 우선순위가 있습니다. 그렇다고 뒷순위인 음덕, 노력이 무의미하다는 말은 아닙니다. 앞으로 이 책에서는 풍수만이 아니라 제가 연구한 점들을 총동원하여 운을 끌어당겨 꽉 잡는 방법들을 소개하겠습니다.

운이 좋아지는 유일한 방법

앞서 운은 하늘에서 내린다고 말했듯이 그 총량도 정해져 있습니다. '운의 + - 0' 이론은 이 총량에 따라 조절됩니다.

시작점, 즉 태어날 때의 숙명은 이미 정해져 있습니다. 가족도 어떤 가정은 화목하고 어떤 가정은 불행하지요.

그럼 타고난 운은 바꿀 수 없는 걸까요?

사실 타고난 운을 바꾸기란 매우 어렵습니다만, 자신의 행동을 바꾸면 타고난 운도 바꿀 수 있습니다. 운을 늘려 운의 총량을 바꿀 수도 있습니다. 그리고 그 열쇠는 바로 '변화'에 있습니다. 그러니 늘 변화를 의식하며 그 기회를 잘 노려야 겠지요.

현재 당신이 어려운 상황에 직면했다고 가정해 봅시다. 속으로 '더는 이렇게 지낼 수 없어'라는 마음이 들었다는 건 매우 좋은 신호입니다.

어린 시절에 형편이 어렵다는 건 인생에서 더없이 좋은 기

Chapter 1
변화 없이는 운도 없다

회가 됩니다.

하지만 그런 처지를 부정적으로 받아들여 자신의 운명만 탓하면 잘못된 인생을 살게 됩니다. 누가 뭐래도 보란 듯이 잘 살겠다는 마음가짐이 중요합니다. 우리는 늘 하늘의 보살핌을 받고 있습니다. 이 보살핌 덕분에 다음 무대로 나아갈 수 있고 나 자신도 바꿀 수 있지요.

이때 중요한 요소가 있습니다. 바로 '타인'입니다. 당신이 바뀔 수 있게 힘을 주는 것은 다름 아닌 다른 사람입니다.

항상 만나는 사람만 만나면 상황은 달라지지 않습니다. 그 주변을 맴도는 사람도 늘 거기서 거기기 때문입니다.

환경 자체를 완전히 바꾸기 어렵다면 평소 만나던 사람이 아닌 다른 사람을 한번 만나보세요. 다양한 부류의 사람들과 친분을 쌓는 것이 가장 이상적입니다. 만약 그것도 힘들다면, 머리나 옷 스타일에 변화를 줘보세요.

사람은 보통 비슷한 스타일의 사람끼리 어울리기 마련입니다. 그래서 겉모습을 바꾸면 효과가 아주 좋습니다. 그것도 힘들다면 관심 분야를 바꿔보세요. 이를테면 아이돌에서 스포츠로, 영화에서 제빵으로 관심사를 바꾸면 만나는 사람도 달라집니다.

전에는 별 흥미 없던 유튜브 채널을 찾아보는 것도 좋습니다. 예전에는 무관심했던 일을 하게 되면 괴로운 일을 미리 하는 셈이 되어 운이 좋아집니다. 흥미를 갖고 시작하면 또 운이 바뀝니다. **괜히 꺼려지는 일 속에야말로 운이 숨어 있습니다.**

이런 식으로 활동 무대를 바꾸면 운이 좋아집니다. 다만 거기에도 운의 총량이 있습니다. 바꾼 무대에 집착하면 또 운이 달아납니다. 그러니 늘 새로운 사람을 만나고 나날이 변화하는 것이 운이 좋아지는 비법입니다.

Chapter 1

변화 없이는 운도 없다

노력보다는 환경

 운의 우선순위를 보고 '노력이 이렇게 순위가 낮아?' 하는 의문이 들 수도 있겠지요.

 사실 유감스럽게도 노력은 가장 가치가 낮습니다. 뭔가 짚이는 부분이 있지 않나요? 예를 들어, 급여가 적은 회사에서는 아무리 죽을 둥 살 둥 노력해도 적은 급여를 받아야 합니다. 문제가 있는 사람과 사귀면 아무리 애를 써도 행복해지지 않습니다. 즉 환경이 좋아지는 데 있어서 무작정 들이는 노력은 아무런 의미가 없다는 뜻입니다.

 다시 말해 운을 조종하기 가장 쉬운 요소는 풍수, 즉 환경입니다. 운을 부르려면 '장소를 바꾸는' 것이 중요합니다.

 따라서 직장을 옮기는 것도 풍수의 관점에서 본다면 더없이 좋은 기회입니다. 직장을 옮길 때는 앞날이 깜깜한 회사보다 내게 빛이 되어줄 회사로 옮기는 편이 좋겠지요?

그렇다면 내게 빛이 되어줄 회사란 어떤 회사일까요?

많은 분이 궁금해하시리라 생각합니다. 그건 바로 마음이 잘 맞는 '사람'이 있는 곳입니다. 사이가 좋은 사람들끼리는 가치관이 비슷해서 서로를 좋은 시선으로 바라봅니다. 환경이 바뀌면 운이 좋아집니다. 따라서 여건이 더 좋은 회사에서 스카우트 제의가 들어왔다면 받는 것도 좋겠지요.

이건 어떤 상황에서나 통하는 이치입니다. **'왜 이렇게 재수가 없지?'라는 생각이 든다면, 환경이나 인간관계를 바꿔보세요. 이것이 운을 좋게 만드는 가장 빠르고 손쉬운 방법입니다.** 기준은 그 환경에 함께 있는 사람과 마음이 잘 맞느냐입니다. 이 점만 잘 고려하면 됩니다.

말이 쉽지 갑자기 직장을 바꿀 수는 없다, 그것만은 절대 안 된다, 하는 사람에게는 방의 구조를 바꾸거나 이사 가는 방법을 추천합니다.

혹시 자신이 좋아하는 색과 궁합이 안 맞을 수 있으니 방의 색조나 스마트폰, 가방, 지갑 등의 색깔을 모조리 바꿔보

Chapter 1
변화 없이는 운도 없다

세요. 되도록 반대 색상으로 바꿀 것을 추천합니다. 이를테면 늘 파랑 계열의 옷을 입는 사람은 붉은 계열의 옷으로 바꿔 보는 겁니다.

그런 사소한 변화가 행운을 부르는 열쇠가 됩니다.

운을 부르는 자기희생

운을 좋게 하려면 '음덕'도 중요합니다. 음덕은 숨어서 몰래 덕을 쌓는 일입니다. 즉, 다른 사람에게 선행을 베풀어야 하는데, 여기에도 요령이 있습니다. 이왕 덕을 쌓는 거 요령 있게 쌓으면 좋지 않을까요?

덧붙이면, 음덕이란 '자기희생'이라고도 바꿔 말할 수 있습니다. 음덕에는 헌신한다는 의미가 들어있기 때문입니다.

자기희생은 크게 3가지 타입으로 나뉩니다.

첫 번째 타입은 아무런 보상을 바라지 않고 오직 '세상을 위해', '모두를 위해' 행동하며 대가 없이 사랑하는 자기희생입니다. 여기에 해당하는 사람은 주변에서 정말 괜찮은 사람, 늘 친절한 사람이라고 평가받는 타입으로, 나이팅게일이나 간디같이 세계 위인급 행동을 하곤 합니다. 설령 그들만큼 위대한 일까지는 아니더라도 자원봉사나 사회 공헌 등으로 훌륭한 음덕을 쌓는 것이 좋습니다.

Chapter 1
변화 없이는 운도 없다

두 번째 타입은 이익과 손해를 생각하는 이해타산적인 자기희생입니다. '이번에 이 사람한테 잘하면 덕 좀 보겠지?' 하고 계산하는 타입입니다. 하지만 이것도 정당한 음덕입니다. **이런 타입의 사람은 눈앞의 이익만 챙길 것이 아니라 더 멀리 바라보며 행동하면, 운의 기운을 더욱더 끌어올릴 수 있습니다.**

예를 들어 당신이 어떤 브랜드의 영업을 맡았다고 가정해 봅시다. 영업 실적이 좋으면 자신에 대한 평가가 높아질뿐더러 편리한 물건으로 세상을 이롭게 합니다. 신은 결과를 중시하기 때문에, 당신이 그 일에 어떤 계산속을 품었는지는 둘째치고 일단 좋게 평가합니다. 당신이 지금 애쓰고 있는 일이 세상과 관련된 것인가요? 한번 생각해 보는 기회가 되었으면 합니다.

마지막으로, 세 번째 타입은 마조히즘적인 자기희생입니다. 이것은 음덕으로 치지 않습니다. 아무리 자신을 갖다 바쳐도 운이 달아납니다. 오직 불행의 나락으로 떨어질 뿐이지요.

아무도 감사하다고 생각하지 않는데 자기 혼자만 보람을 느끼며 자기희생 자체에 목을 매는 타입입니다. 성과가 없는데도 끈질기게 집착하며 일 중독 현상을 보이거나 도와주지 않아도 될 사람에게 돈을 주는 등 쓸데없는 일에 매달립니다. 혼자 멋대로 헌신하다가 헌신짝처럼 버림받는 타입이지요. 이러한 자기희생만큼 쓸모없는 것도 없습니다. 스스로 인식하지 못하면 상황은 더욱 심각해집니다. 스스로가 누군가에게 도움이 되고 있다고 생각하겠지만 그렇지도 않습니다.

그러니 **당신이 지금 무언가를 위해 헌신하고 있다면 잠시 멈춰서서 그 이면에 무엇이 있는지 잘 읽어내야 합니다.** 두 번째 음덕에서 '**눈앞의 이익만 챙길 것이 아니라 더 멀리 바라보며 행동하라**'라는 말과 같은 맥락입니다만, 당신이 지금 매달리는 자기희생이 미래로 이어지고 있는지 잘 살펴야 합니다.

넓게 바라보며 자신이 이 세계와 어떻게 연결되어 있는지 생각하는 것도 운이 있는 사람과 없는 사람과의 차이입니다. 넓은 시야로 자신이 이 세계와 어떤 연결 고리가 있는지 생

Chapter 1
변화 없이는 운도 없다

각하는 사람은 기운이 좋은 쪽으로 흘러갑니다. 이런 사람은 생의 마지막 순간에도, 세상에 보탬이 되었다는 생각에 스스로 보람을 느끼지 않을까요?

특히 쓸데없이 자기희생을 하는 사람은 묘하게 상냥하게 구는 사람을 조심해야 합니다. 사기꾼 냄새를 폴폴 풍기는 사람이 괜히 감사하다는 말로 사람을 구슬리고 꾀어내는 것에 혹해서는 안 됩니다. 당신이 '지금 난 자기희생을 하고 있어'라는 생각이 든다면, 함정에 빠진 것은 아닌지 곰곰이 생각해 봐야 합니다.

과거와 미래의 시간

당신의 운을 크게 좌지우지하는 '숙명'에는 집안 문제도 있습니다. 조상이 선행을 베풀었느냐, 악행을 저질렀느냐에 따라 그 업이 자신에게 되돌아옵니다.

조상이 좋은 일을 했다면 더할 나위 없이 좋겠지만, 그렇지 않았으면 자신의 대에서 불행이 끊기도록 힘써야 합니다. 그것도 숙명입니다.

기본적으로 숙명은 힘이 엄청 강해서 바꾸기 어렵다고 밝혔습니다만, 사실 바꿀 방법이 있습니다.

숙명이란 현생의 사람에게는 보이지 않는 과거와 미래라는 시간의 흐름입니다. 현재를 포함해서 과거와 미래의 시간도 아주 중요합니다. 조상의 묘를 찾아뵙는 일뿐만 아니라 선조 시대를 깊이 헤아리며 미래의 아이들이나 자손에게 덕이 될 법한 일을 찾아서 해 보세요. 그렇게 하면 미래의 사람이나 자손이 나에게 운을 돌려줍니다.

Chapter 1
변화 없이는 운도 없다

 구체적인 예를 들자면 역사를 깊이 공부하거나, 과거 유산이나 전통 공예 같은 전통 기술을 소중하게 여기거나, 공을 세운 위인을 존경하는 등의 방법이 있습니다. 이렇게 하면 과거의 카르마Karma('업보'의 산스크리트어로 불교에서 중생이 몸과 입과 뜻으로 짓는 선악의 소행을 뜻한다)가 사라질지도 모릅니다. 미래를 위해 모든 사람이 살기 좋은 세상을 만드는 환경 문제에 관심을 가지거나 그런 사람을 지원해 주는 일도 좋겠지요. 넓은 안목으로 세상을 바라보며 과거나 미래에 보탬이 되는 일을 해 보세요.

만 26세에
승부를 걸어야 한다

인생에는 인생의 전환점이 되는 시기가 몇 차례 있습니다. 어떤 인생에나 무조건 있습니다. 이 시기에는 무엇을 선택할지, 움직여야 할지 가만히 있어야 할지, 이런저런 생각들이 머릿속을 가득 채웁니다.

이런 시기에는 지금이 인생의 승부수를 띄워야 할 때라는 걸 깨닫는 것이 가장 중요합니다.

하지만 누구도 '바로 지금이 승부를 걸 때야!' 하는 식으로 알려주지 않습니다.

그럴 땐 나이를 기준으로 삼으면 됩니다.

점성술의 관점에서 보면, 수많은 별 중에서도 인생에 커다란 영향을 미치는 별이 있습니다. 이 별이 수년에 걸쳐 사람의 인생을 감싸며 인생의 전환점이 되는 나이를 정합니다.

인생에서 특히 중요한 때는 20~40대의 젊은 시절입니다.

Chapter 1

변화 없이는 운도 없다

이때는 인생에서 운이 가장 활발하게 움직이는 시기로 인생의 방향을 결정합니다. 인생에는 몇 번의 전환점이 있습니다. 그때가 언제인지 알아두면 중요한 시기를 그냥 흘려버리지 않겠지요?

우선 첫 번째 전환점은 만 26세에 옵니다. 사람은 만 26세까지 무언가 시작할 준비가 되어 있지 않으면 성공하기 어렵습니다. 이때까지 성격이 너무 강한 부모와 함께 산다면 계속해서 부모의 뜻대로만 살게 됩니다. 따라서 이런 경우에는 경제적으로 어렵더라도 독립해서 스스로 삶을 꾸려나가야 합니다.

진정으로 '내 인생을 사는 것'이야말로 운을 가장 강하게 끌어당깁니다. 직장을 옮기거나 연애를 할 때도 마찬가지입니다. 그러기 위해서는 만 26세부터는 움직이기 시작해야 합니다. 이 시기에 무엇보다 사랑하는 사람과의 인연을 계속 이어나갈지 결단하는 일이 필요합니다. 만 26세 전후에 사랑의 전환점이 있으면 앞으로의 인생이 좋아집니다. 결혼할지 헤어질지에 대한 결단도 좋고 이른 나이에 결혼했다면 이혼을 고려해 보는 것도 좋습니다.

만 26세와 만29세는 한 묶음입니다. 만 26세에 무언가를 시작했다면 만 29세에 그 결과가 나타납니다. 다만, 그것이 다른 사람 눈에는 영 신통찮아 보일 수도 있습니다. 회사를 옮기자마자 부도가 나는 등 망조가 들 수도 있기 때문입니다. 하지만 그런 것이 바로 기회입니다.

만 26세부터 만 29세는 인생의 도움닫기를 하는 시기입니다. **이 시기에 괴로워하며 '이거 큰일인데' 하고 위기의식을 느낀 사람은 앞으로의 인생을 잘 살아가기 위한 무기를 손에 넣은 거나 마찬가지입니다.** 이때 중요한 것은 '이거 큰일인데' 하는 마음입니다. 이런 시기를 겪고 나면 인생을 충실하게 살아갈 수 있습니다.

하지만 이런 도움닫기를 만 26세에 하지 않으면, 아무 일도 일어나지 않습니다. 달콤한 인생의 열매를 맺느냐의 여부는 이 시기에 달려있습니다.

그러니 만 26세까지는 자기 마음의 목소리에 정직하게 귀 기울여 인생의 결단을 내려보세요.

Chapter 1
변화 없이는 운도 없다

만 29세에 성과가 드러난다

앞에서 만 26세에 시작한 일이 만 29세에 성과를 낸다고 밝혔습니다. 사람에 따라 조금씩 다르므로 만 28~30세라고 해 두겠습니다.

점성술에서는 '새턴 리턴Saturn Return(토성 회귀)'이라고도 합니다. 직장을 옮기는 일 같은 중대사가 반드시 이쯤에서 일어나지요. 그것이 좋은 일인지 나쁜 일인지는 알 수 없습니다. 하지만 중요한 것은 그것이 겉으로 좋냐 나쁘냐의 문제가 아니라, 그 후 내 인생의 방향이 정해져 버린다는 것입니다.

어차피 만 29세에 무슨 일이 일어날 거라면, 만 26세에는 결단을 내려야 인생의 가닥을 잡고 나아갈 수 있지 않을까요? '이건 내 인생이다!' 하고 책임감 있게 행동하는 사람은 훗날 인생을 더 진솔하게 살아갑니다. 그리고 더 강인해지지요.

만 29세의 열쇠는 고통도 마다하지 않는 각오입니다. 따라서 오히려 불행한 쪽이 더 좋을 수도 있습니다. 만 29세에 어떻게 하느냐에 따라 인생의 황금기를 맞을 수도 있고 그렇지 않을 수도 있습니다. 이 시기는 아직 젊으므로 도망칠 수도 있습니다. 부모에게 의지할 수도 있고, 누군가를 사랑하고 헤어지는 일을 반복할 수도 있습니다. 하지만 '돈이 될지 안 될지는 모르겠지만 일단 해 보자', '이 사람은 나를 소중하게 생각하지 않으니까 헤어지자'처럼 뭔가 위험을 감수하고 행동하면 몇 년 후에는 인생의 꽃을 피울 것입니다.

Chapter 1
변화 없이는 운도 없다

만 36세 전후에
버릴 것은 과감히 버려야 한다

만약 당신이 30대에 이르러 직장을 바꿀지 말지 고민이라면 무조건 바꾸라고 말하고 싶습니다.

특히 만 36세 즈음에 '이대로 괜찮을까?'라는 생각이 든다면, 당신은 참 똑똑하고 인생의 감이 뛰어난 사람입니다.

만 36세의 고민은 사실 고민이라기보다는 '망설임'에 가깝습니다. 그럼 고민과 망설임의 차이는 뭘까요?

고민이란 자신을 괴롭히는 생각이 머릿속을 가득 메워 이를 어떻게 극복할지 애를 태운다는 뜻입니다. 한편, 망설임은 괴롭다는 점에서는 고민과 같지만, 그 고통에 어떻게 맞서야 할지 갈팡질팡하는, 즉 '결정하지 못하는' 상태를 뜻합니다. 다양한 일들을 경험하고 어느 정도 자리를 잡은 만 36세는 현재 자리를 떠나고 싶기도 하고 놓치기 아깝다고 생각하기도 합니다. 여러 가지로 '망설임'이 많은 시기인 거죠.

만 36세는 운을 움직이는 중요한 변곡점이 됩니다.

그럼 이 시기에 무엇을 하면 좋을까요? 그 해답은 '과감히 버리는 것'에 있습니다. 만 36세에 버릴까 말까 망설이는 이유는 당신이 그것을 얻기까지 많은 시간을 쏟아부었기 때문입니다. 다시 말해, 그것을 얻기 위해 그만큼 많은 시간을 투자했다는 말이겠지요. 만 36세는 딱 그러기 쉬운 나이입니다. 하지만 여기서 버릴 수만 있다면 더 큰 것이 들어오게 됩니다. 그러니 '이때가 내 마지막 청춘이다'라는 생각으로 승부수를 띄워보세요. **만 36세 때는 삶이 유한하다는 진리를 깊이 깨우치는 것이 중요합니다.**

다음 항목에서 밝히겠지만, 아직 마지막 기회를 잡을 수 있는 나이가 남았습니다. 부디 이 시기를 놓치지 않기를 바랍니다.

만 36세에 이직을 망설인다면, 그건 당신이 그 회사에서 지금까지 일궈낸 바가 있기 때문입니다. 하지만 그것을 과감히 버리면 인생의 운이 움직입니다.

Chapter 1
변화 없이는 운도 없다

　아무것도 없는 상태는 불안하지만, 그 불안이 새로운 것을 끌어당깁니다.

　무엇을 버리든 반드시 또 다른 것을 얻게 됩니다. 훗날 지나고 보면 '그때 버리길 잘했다'라는 생각을 하게 될 겁니다.

만 42세에
인생 대역전을 이뤄라

　인생의 최대 전환점은 만 42세에 옵니다. 이 나이에는 누구라도 반드시 인생의 '대역전'을 맞게 되지요.

　천왕성이라는 별이 있습니다. 이 별은 변화나 변동을 상징합니다. 천왕성은 하나의 별자리를 약 7년에 걸쳐 이동합니다. 즉 천왕성이 12 성좌를 한 바퀴 돌아 원래의 자리로 돌아오기까지 84년이 걸립니다. 84년의 절반인 42년 후에는 천왕성이 호로스코프(점성술에서 점을 치기 위한 천체의 배치도)에서 완전히 반대편에 위치하게 됩니다. 즉 상황이 180도 변해서 극적으로 변할 기회가 있다는 뜻이지요.

　천왕성은 산업혁명 때 발견되어 '혁명의 별'이라고도 불립니다. 그래서 인생에 큰 혁명이 일어나는 시기를 만 42세(사람에 따라 다소 차이가 있으므로 보통 40세 전후인 만 40~44세로 봅니다)라고도 할 수 있습니다.

Chapter 1
변화 없이는 운도 없다

여기서 말하는 '대역전'이란 곧 자신이 지금껏 안 된다고 여겼던 일을 받아들이거나 남다른 각오를 다지게 된다는 뜻입니다. 마침내 인생을 진심으로 마주하게 될 수도 있습니다.

가령 지금까지 인생을 대충 슬렁슬렁 살아온 사람이라도 당장 하지 않으면 후회할 것 같은 일들이 생깁니다. 혹은 늘 조급하게 살아온 사람이라면 일단 멈추고 생각해야 하는 일이 생길 수도 있습니다.

어쨌든 만 42세는 무언가 결심해야 하는 나이입니다. 이 시기에 **각오를 다지지 않으면 굴러들어온 복을 걷어차는 것이나 다름없습니다.** 인생 대역전을 이루기 위한 마지막 기회입니다. 이제 시간이 얼마 남지 않았으니 서둘러야 합니다. 그렇다고 너무 부담감에 짓눌리지는 마세요. 이 시기를 즐기길 바랍니다. 그러려면 평소에 마음을 단단히 하는 마음 훈련을 해 두는 것이 좋겠지요. 만 42세에 중요한 결단을 내려야 할 때 각오가 단단히 되어 있는 사람은 진정한 인생을 살아갈 수 있습니다.

만 36세에 무엇을 버렸느냐에 따라 이때 얻는 것도 달라집니다. 30대에 시간의 유한함을 깨닫고 자기 나름의 준비를 시작한 인생은 흔들리지 않습니다. 그게 바로 각오와 버림을 통해 얻을 수 있는 결실이지요. 만 36세에 무언가를 버린 사람만이 만 42세에 대역전극을 펼칠 수 있습니다.

그리고 만 58~60세에 두 번째 새턴 리턴이 있습니다. 즉, 이 시기가 이제 인생의 마지막 전환점입니다. 이때 겪은 시련을 소중히 여기세요. 굳센 심지만 있으면 인생은 얼마든지 달라질 수 있습니다.

운은 하늘에서 내려온다

운과 더불어 '기(氣)'에 관해서도 살펴볼까요? '기'란 눈에는 보이지 않는 생명 에너지를 말합니다. 좋고 나쁨을 떠나 무언가의 근원이 되지요. 물론 운의 근원도 됩니다.

인간도 이러한 기를 가지고 있습니다. 뭔가 스치지도 않았는데 괜히 간지럽다는 느낌이 드는 것도 기의 현상 때문이지요. 산의 기, 물의 기 등 여러 가지가 있습니다만, 하늘에서 내려온 하늘의 기도 있습니다. **그리고 그중에서도 하늘의 기가 가장 강합니다.**

하늘에서 내려온 기는 대지와 사람에게 영향을 줍니다. 이를 동양의 운명학에서는 천지인삼재(天地人三才)라고 합니다. 태양의 빛이나 우주의 별 에너지가 땅으로 전해지는 것이지요. 그것을 많이 줍는 사람일수록 큰 에너지를 얻을 수 있습니다. 그래서 **대지를 밟고 이곳저곳 돌아다니면 하늘에서 내려온 기를 받을 수 있습니다.**

그런 이유로 발과 관련된 물건은 꼼꼼히 관리해야 합니다. 구멍 난 양말이나 더러운 신발은 버리고 신발을 깨끗이 관리하며 냄새 제거 스프레이를 수시로 뿌려보세요. 발에 기쁨을 주는 일을 꾸준히 하면 바라던 일이 이루어집니다.

Chapter 1
변화 없이는 운도 없다

고층에 살기 VS 저층에 살기

유명인 중에는 높은 층에 살지 않으려는 사람이 많습니다. 바로 성공하고 싶은 마음 때문입니다.

앞에서 '기'는 하늘에서 내려와 대지에 영향을 준다고 밝혔습니다. 기는 아파트 1층에서 5층 높이까지 밖에 미치지 않습니다.

그럼 타워형 아파트의 초고층에 사는 사람은 운의 기운이 떨어질까요? 네, 대부분이 그렇다고 할 수 있습니다. 하지만 이 법칙에 얽매이지 않는 특별한 사람도 있습니다.

크게 성공한 일류기업의 회장이나 톱스타 연예인 등 딴 세상 사람처럼 보이는 그들은 기의 힘과는 크게 관계가 없습니다. 오히려 그런 사람들은 높은 곳에 살아야 비범한 삶을 살 수 있습니다. **하늘의 기와 직접 통하기 때문에 그 운기에 지지 않는 힘이 있습니다.**

거꾸로 운이 좋아 하루아침에 벼락부자가 된 사람은 어떨까요? 만약 그들이 즉흥적으로 초고층에 살면 정서 불안에 시달리거나 빚더미에 앉는 등 가정이 파탄 나는 재앙을 초래할 수도 있습니다.

왜 그럴까요? 운의 기운이 강한 사람에게는 해당하지 않는 이야기지만, 높은 곳은 '하늘의 영역'이기 때문입니다. 그곳에 살 수 있는 사람들은 인간계와 동떨어진 삶을 살고 있습니다. 인간계와는 다른 규칙이 적용되는 곳이라서 무심코 그곳에 발을 들였다가 인간 세상과 멀어지는 바람에 사람들과 좀체 어울리지 못하는 일도 더러 있습니다.

하늘은 기가 굉장히 센 곳이라 강한 운을 타고난 사람이라도 함부로 들어갔다가는 오히려 큰코다치게 됩니다. 그래서 평범한 사람은 무리해서 높은 곳에 살지 않는 편이 좋습니다. 그곳에 살 수 있는 사람과 살 수 없는 사람이 있습니다. 이 또한 진리입니다.

당신은 어느 쪽 사람인가요?

자신을 잘 알아야 행복한 삶을 누릴 수 있습니다. 5층까지 미치는 하늘의 운도 꽉 잡으면 풍요로운 인생을 살 수 있습니다.

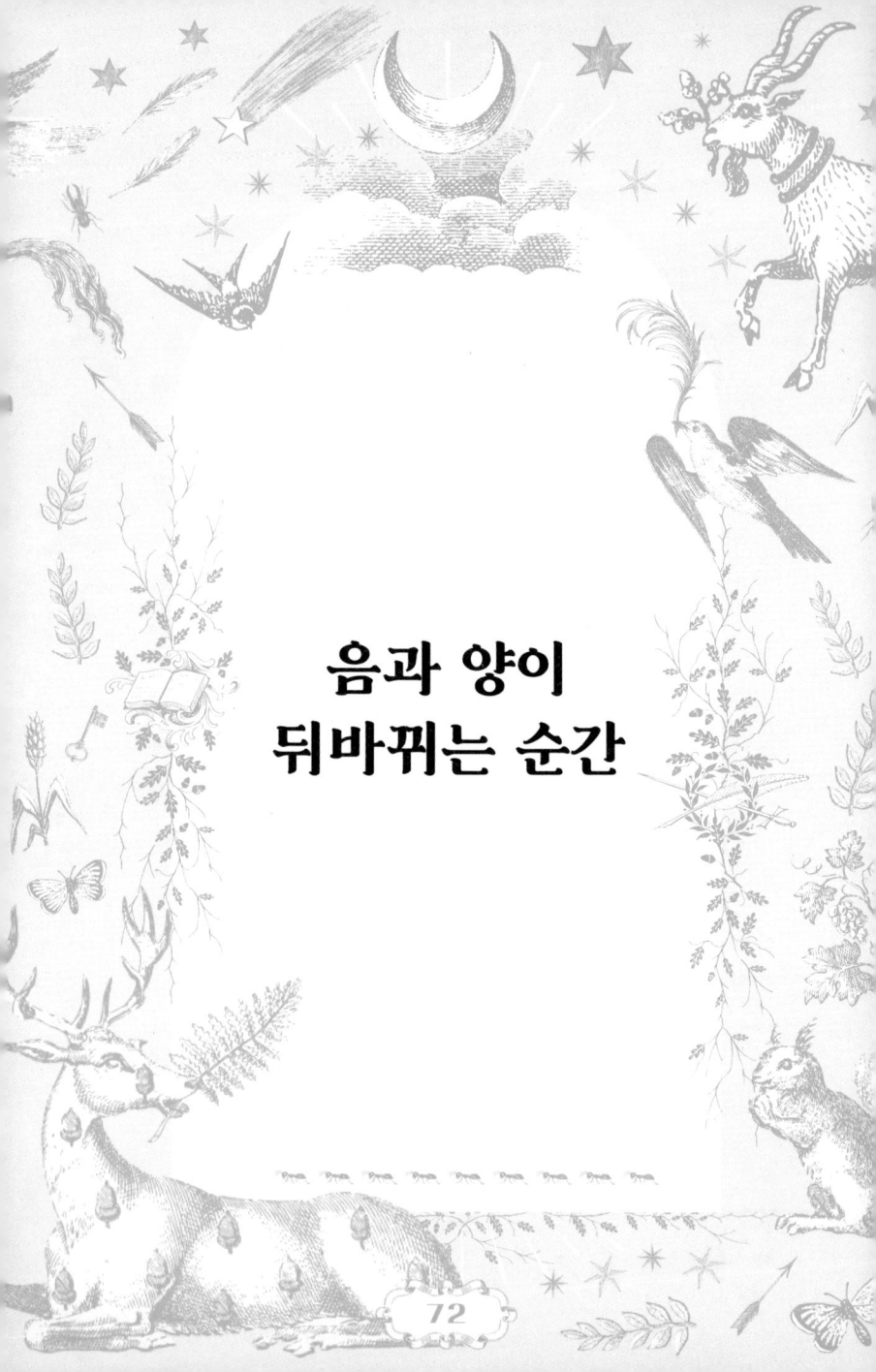

음과 양이
뒤바뀌는 순간

살다 보면 누구에게나 '어차피 나 같은 건……' 하는 생각이 드는 순간이 있습니다. 늘 부정적인 생각에 사로잡혀 있는 사람이건 그렇지 않은 사람이건 이런 마음이 들었다면 꼭 다음과 같은 방법을 시도해 보세요.

정말로 '어차피 나 같은 건……' 같은 어두운 생각이 마음속에 가득한가요? 사실 희망이 좀 남아있진 않나요?

그렇다면 아직 어중간한 상태입니다. 운은 변화가 있는 인생에만 온다고 했었지요. **이런 변화를 가장 크게 부르는 것은 맨몸, 즉 0부터 시작하는 겁니다.** 강한 결심과 의지, 이것이 모든 행운을 부릅니다. 신도 그런 사람에게는 길을 환하게 비춰줍니다. 그러니 현재 상황이 절망스럽더라도 강한 의지를 가져 보세요. 절망 후엔 좋은 일이 찾아옵니다.

절망의 늪에 빠져들면 음과 양이 반대로 바뀌게 됩니다. '음이 극에 달하면 양이 된다'라는 말이 있듯, 음의 어둡고 탁한 에너지가 극한에 다다르면 양으로 바뀌게 됩니다. 덧붙여서 양도 극에 달하면 결국 음으로 바뀌기 때문에 자만심은 금물입니다.

가끔 '어차피 나 같은 건……' 하며 지나치게 의기소침해

Chapter 1

변화 없이는 운도 없다

하는 사람이 있습니다. 그런 사람은 위로를 해줘도 곧이곧대로 받아들이지 않습니다. 모든 것을 부정적으로 받아들이는 방식으로 자신을 지키고 있기 때문입니다. 하지만 그럴수록 더욱더 깊은 절망 속으로 빠져들 수밖에 없습니다.

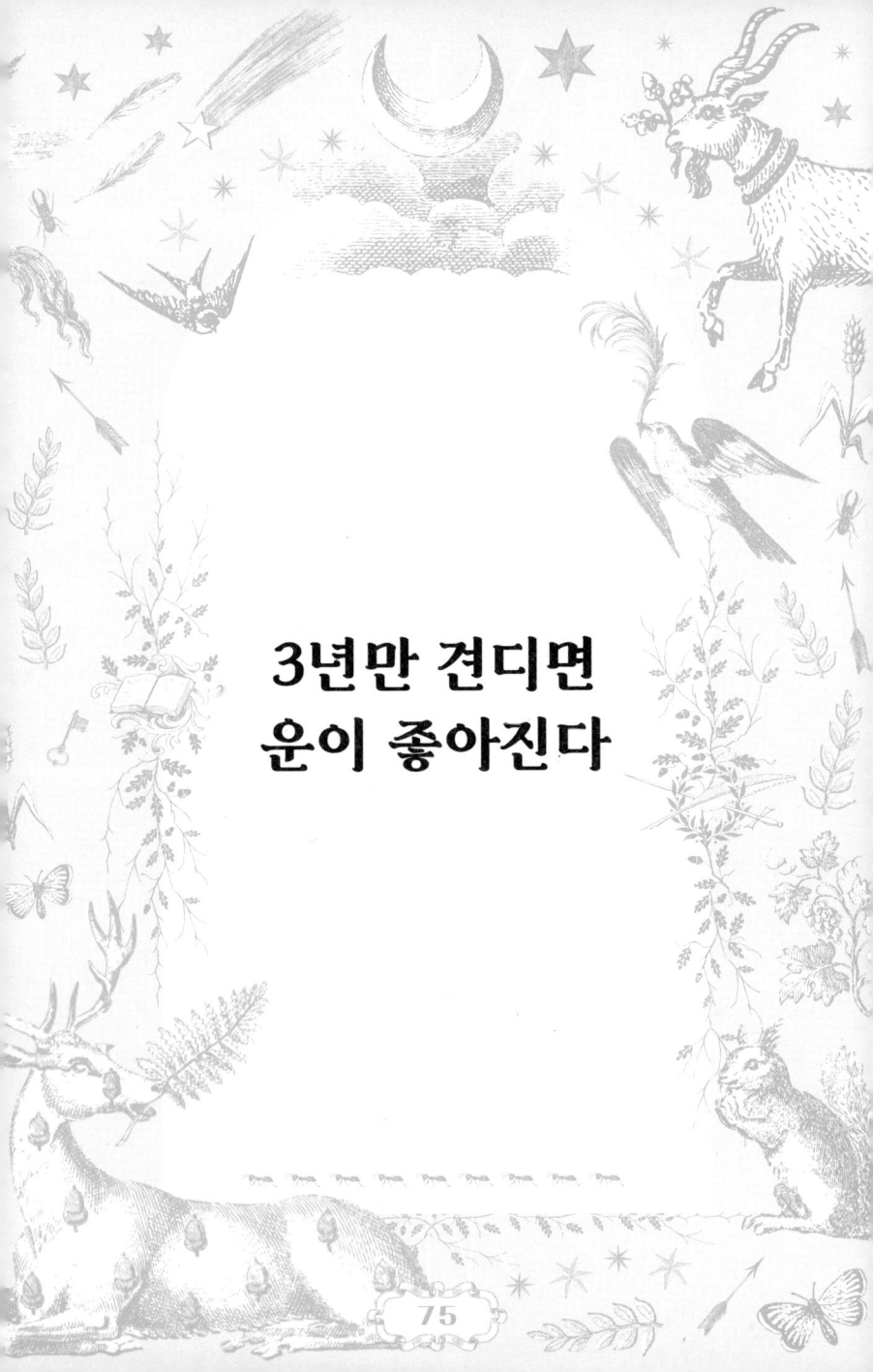

3년만 견디면 운이 좋아진다

Chapter 1
변화 없이는 운도 없다

토성은 시련의 별입니다. 이 별이 당신의 별자리에 들어가면 연속으로 시련을 겪게 됩니다. 이때의 시련을 꿋꿋이 견디면 한 줄기 빛이 보이기 시작합니다. 당신의 별자리는 무엇인가요? 다음 페이지에 별자리별 시련의 해를 표로 정리해 두었습니다.

다만 이 시련이라는 것은 당신이 빛을 발하는 데 있어 꼭 필요한 것입니다. 토성을 단순히 괴로움을 주는 부정적인 별로만 여겨서는 안 됩니다. 나 자신과 진지하게 마주할 기회를 얻는다고 생각하세요. 자신의 약점을 똑바로 보고 그것을 극복하기 위해 열심히 노력하려는 자세가 있어야만 반짝이는 미래를 손에 넣을 수 있습니다. 무언가 극복하기 위해 통과해야 하는 학교 같은 곳이라고 생각하면 좋겠습니다.

다이어트에 성공하면 건강하고 아름다운 모습으로 인기를 끌듯 고생이 있어야 희망도 있는 법입니다. 이처럼 '노력의 결실'을 일깨워 주는 별이 토성입니다.

토성은 행복한 인생을 위한 토대가 되어줍니다. **3년 정도만 노력하면 인생이 활짝 핍니다.** 인생은 기초가 탄탄해야 합니다. 이를 위해 시련을 겪는 기간은 보통은 2, 3년입니다. 흔히 '딱 3년만 견뎌 봐라'라고 하듯, 토성의 시련도 이 기간만 견디면 됩니다.

별자리	기간
양자리 (3/21-4/19)	2025년 05월 25일 ~ 2028년 04월 12일
황소자리 (4/20-5/20)	2028년 04월 13일 ~ 2030년 05월 31일
쌍둥이자리 (5/21-6/21)	2030년 06월 01일 ~ 2032년 07월 13일
게자리 (6/22-7/22)	2032년 07월 14일 ~ 2035년 05월 11일
사자자리 (7/23-8/22)	2034년 08월 27일 ~ 2037년 07월 06일
처녀자리 (8/23-9/23)	2036년 10월 16일 ~ 2039년 09월 05일
천칭자리 (9/24-10/22)	2039년 09월 06일 ~ 2042년 07월 13일
전갈자리 (10/23-11/22)	2041년 11월 11일 ~ 2044년 10월 30일
사수자리 (11/23-12/24)	2044년 02월 21일 ~ 2047년 10월 21일
염소자리 (12/25-1/19)	2047년 01월 25일 ~ 2050년 01월 20일
물병자리 (1/20-2/18)	2020년 03월 22일 ~ 2023년 03월 06일
물고기자리 (2/19-3/20)	2023년 03월 07일 ~ 2026년 02월 13일

※ 토성은 일반적으로 '역행'하기도 하고, 바로 앞 별자리로 돌아가기도 합니다. 토성이 다음 별자리로 완전히 이동하기까지는 두 별자리에 영향을 준다고 생각해 주세요.

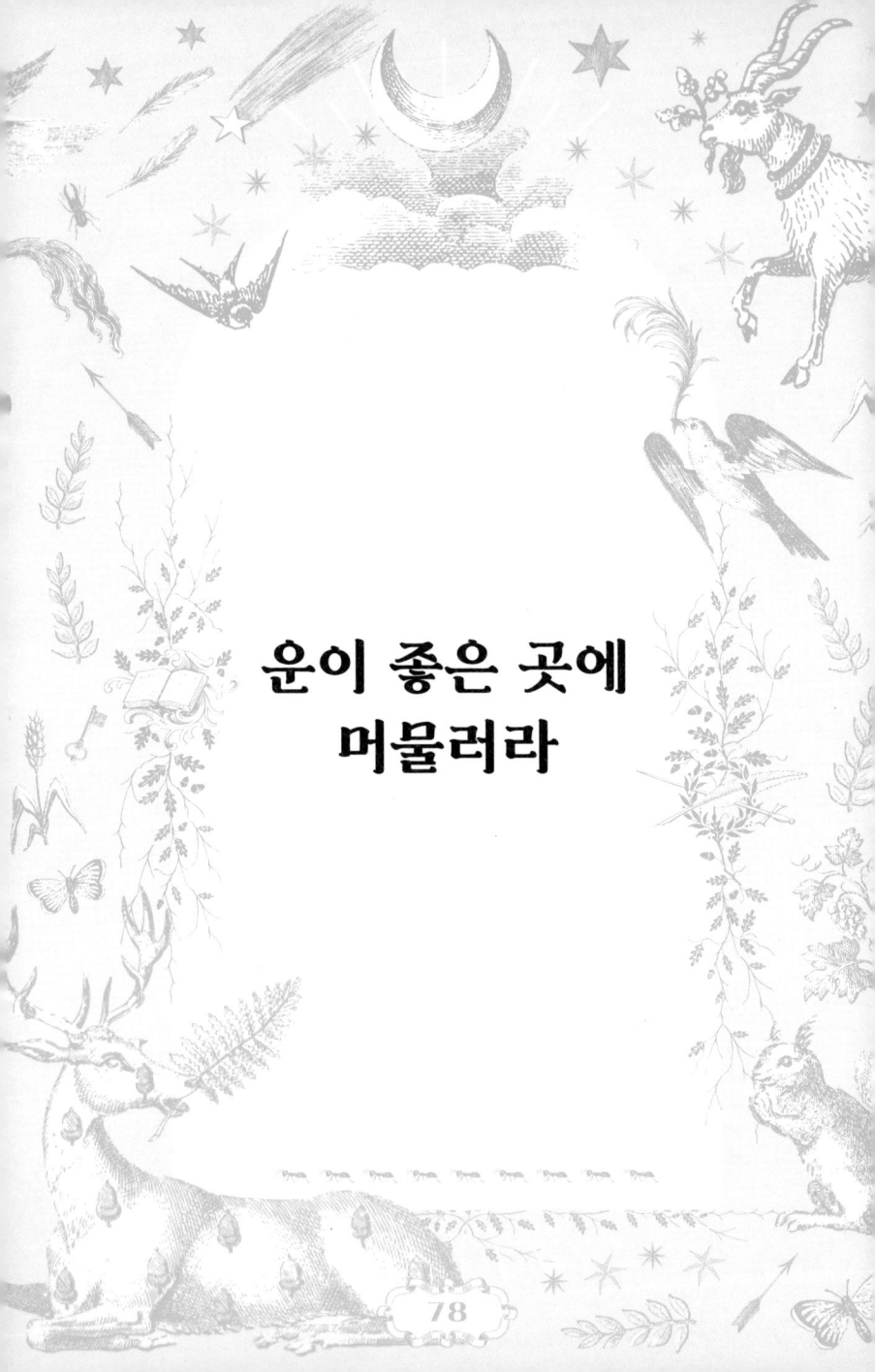

운이 좋은 곳에 머물러라

'깨끗이 청소하거나 정리정돈을 하면 운이 좋아진다'라고 알려져 있습니다만, 조금 더럽더라도 일이 잘 풀리는 중이라면 굳이 청소하지 않아도 됩니다. 그곳에 이미 운이 충만하다는 뜻이니 그냥 무시하고 넘어가도 괜찮습니다.

일이 잘 풀릴 때는 같은 공간에서 같은 일을 한다, 이것이 운을 좋게 사용하는 비법입니다. 물론 운기가 떨어졌다고 느낀다면 변화가 필요합니다만, 그때까지는 무리해서 움직일 필요가 없습니다. 운이 있는 동안에는 있던 곳에 그대로 머물러주세요.

사무실을 옮기자마자 회사가 상장되었다는 이야기가 자주 들리는데, 이는 옮긴 장소에 깃들어 있던 운의 힘 덕분입니다. 그런 공간에 운이 있다는 뜻이니 더는 아무것도 하지 않아도 괜찮습니다. **이처럼 공간에도 운이 있습니다.** 운의 기운이 다할 때까지 그곳에 머물러주세요.

반대로 운이 없는 곳으로 옮기면 회사 규모를 축소해야만 하는 상황이 생길 수도 있습니다.

집에서도 책상에서는 잘 안 풀리던 일이 거실이나 계단에

Chapter 1

변화 없이는 운도 없다

서 하면 쉽게 풀리는 경우가 있습니다. 그렇다면 꼭 책상에서 할 필요는 없겠지요. 또 회사 내에서 창의적인 기획안이 나오지 않는다면, 아이디어가 잘 떠오르는 공간, 이야기가 순조롭게 잘 풀리는 카페 같은 곳에서 회의를 진행하는 것도 좋습니다.

특별한 분위기를 풍겨라

사람들에게 뭔가 있어 보이는 인상을 풍기는 건 굉장히 중요합니다. **실제로 재능이 있고 없고를 떠나서 재능이 있어 보이는 편이 살아가는 데 유리하기 때문입니다.** 그런 분위기를 풍기는 사람에게는 기회가 넝쿨째 굴러들어옵니다.

언제나 뭐든 척척 잘 해낼 것 같은 느낌을 줄 필요는 없습니다. '평소에는 그저 그런데, 중요할 때 뭔가 해낼 것 같다'라는 인상만 풍기면 됩니다. 이게 포인트입니다.

그럴 때 이런 방법을 추천하고 싶습니다. 바로 능청스러운 모습을 보이는 겁니다. **이런 캐릭터는 사람들의 인기를 한 몸에 받으며 훗날 잘될 가능성이 큽니다.**

'난 그런 거 잘 못 하는데'라는 마음은 잠시 넣어둔 채 눈 딱 감고 능청스럽게 행동해 보세요.

여기서는 말로 지나치게 자기주장을 펼치지 않는 것이 핵심입니다. 말이 아닌 아우라, 즉 분위기로 말하는 게 중요하

Chapter 1
변화 없이는 운도 없다

지요.

　예능 방송에서도 MC가 던진 질문에 횡설수설하며 엉뚱한 소리를 하는 출연자는 쉽게 사람들의 폭소를 자아냅니다. 그러면서 단번에 대세로 떠오르곤 하지요. 실패나 실수, 능청스러운 발언은 귀여워 보이는 효과가 있어 인기를 끌게 됩니다. 아무것도 아닌데 뭔가 그럴싸해 보이기까지 합니다.

　겉모습을 화려하게 꾸미는 것만으로도 이런 효과를 낼 수 있습니다. 머리는 요란하게 물들였는데 공자 같은 면모를 보인다든가, 옷차림은 굉장히 휘황찬란한데 매사 진지한 모습을 보인다든가 말이죠.

　여기서 포인트는 '겉모습은 화려하지만 제 발로 나서지 않는다, 부족한 부분을 남긴다'입니다. 정적이 흐르는 가운데 물건을 툭 떨어뜨리고 우왕좌왕하는 모습을 보이는 것도 나쁘지 않습니다. 능청스러운 사람들은 정작 본인은 별 하는 것도 없이 사람의 이목을 끕니다. 자연스럽게 은근슬쩍 자신의 존재를 드러내지요. 인기를 끌려면 겸손한 자세를 보이되 존재감이 있어야 합니다. 좀 까다롭지요.

뭔가 있어 보인다는 느낌은 운을 부릅니다. 이때 '나는 운이 좋다!' 하고 마인드 컨트롤까지 하면 효과는 더욱 커집니다.

Chapter 1
변화 없이는 운도 없다

요즘 따라 운이 안 좋다면 바쁘게 움직여라

누구에게나 운이 안 좋은 시기, 꽉 막힌 정체 구간은 있습니다. 그 또한 인생이니 받아들이는 자세가 필요합니다.

하지만 방도가 없는 건 아닙니다. 그럴 때는 일부러 일정을 꽉꽉 채워보세요.

운은 변화를 일으켜야만 바뀐다고 말씀드렸지요.
즉, 갑자기 바빠져도 운이 좋아집니다. **새로운 사람들을 만나고 일거리를 늘려보세요.** 새로운 일을 시작해도 좋습니다. 일단 무엇이든지 한다는 것에 의의가 있습니다.

세상 모든 기회는 또 다른 기회로 이어집니다. 일이 잘 풀릴 때는 좋은 일만 연거푸 일어나고, 바쁠 때일수록 일이 끊이지 않고 들어오지요. 좋은 일은 한꺼번에 일어납니다. 돈도 들어올 땐 한꺼번에 들어옵니다. 기회도 마찬가지라서 기회는 기회를 부릅니다. 행운의 기회를 잡는 방법은 딱 하나, 오직 변화하는 길밖에 없습니다.

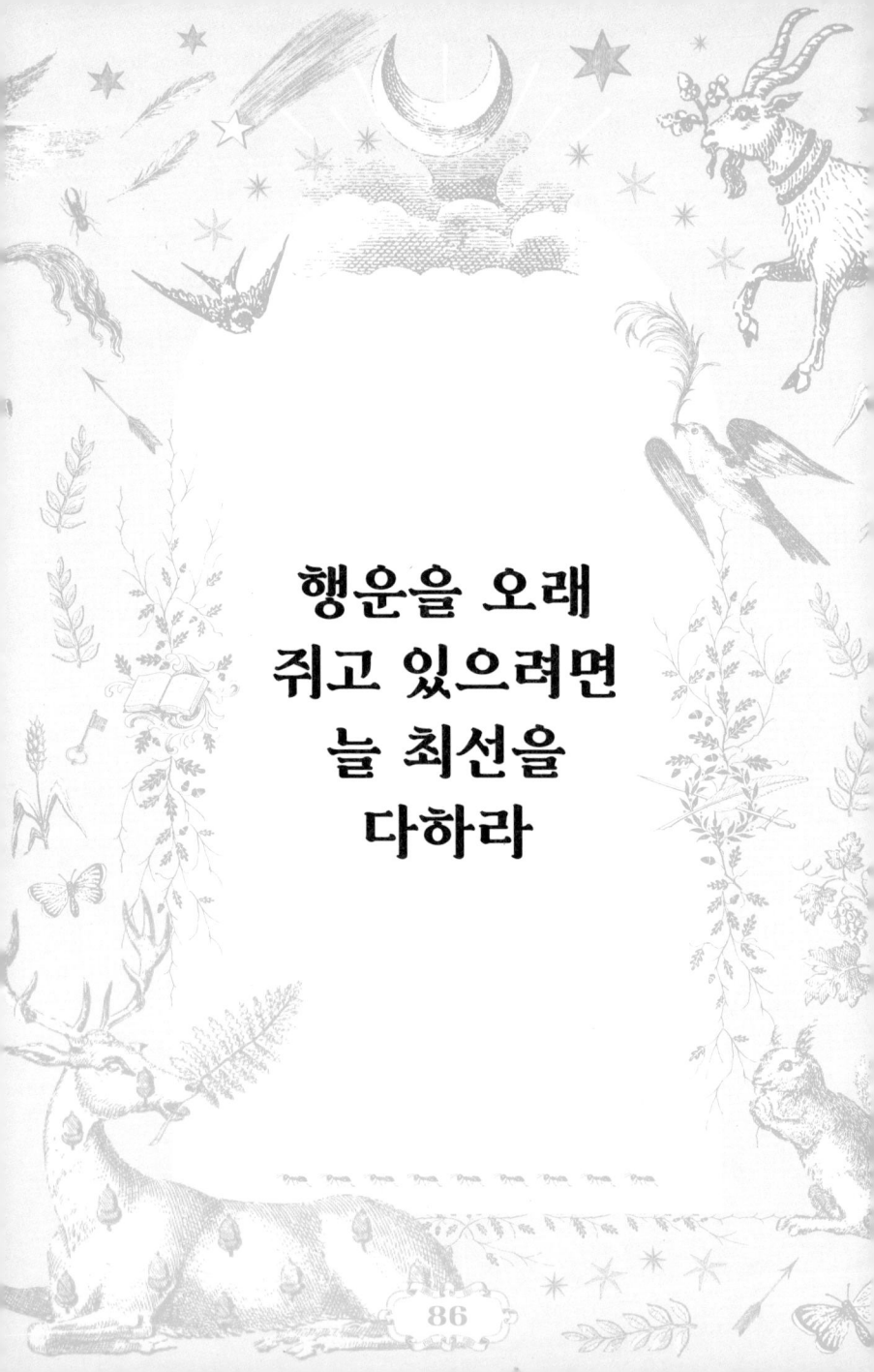

행운을 오래
쥐고 있으려면
늘 최선을
다하라

운이 좋은 시기에는 그것이 마치 당연한 일인 양 감사히 여기지 않을 수도 있습니다. '편하게 쉬엄쉬엄하고 싶다'라든지 '이 일은 어려우니까 뒤로 좀 미루자' 같은 생각들이 스멀스멀 피어오르지요.

하지만 그렇게 꾸물대다가는 운이 달아나 버립니다.

특히 '내가 여기서 힘을 다 쏟아버리면 다음 일에 영향을 주겠지?'라는 생각은 절대 해서는 안 됩니다.

매번 최선을 다하는 사람일수록 운이 좋아집니다. 다음 할 일이 걱정되어 불안할 수도 있겠지만, 그런 생각은 잠시 접어두고 지금 하는 일에 승부를 거세요. 그래야만 다음에도 운이 따릅니다. 일이 잘 풀릴수록 어느 정도 위험은 감내해야 합니다. 지금 하는 일을 확실히 매듭지어야만 그보다 더 멋진 일이 들어옵니다.

운의 신은 심술쟁이입니다. 너무 만반의 준비를 하고 기다리면 오히려 아무것도 오지 않습니다. 그러니 운이 좋을 땐 잇따르는 행운을 최선을 다해 받아들이고, 운이 없을 땐 변화를 일으켜야 합니다. 꼭 명심하시길 바랍니다.

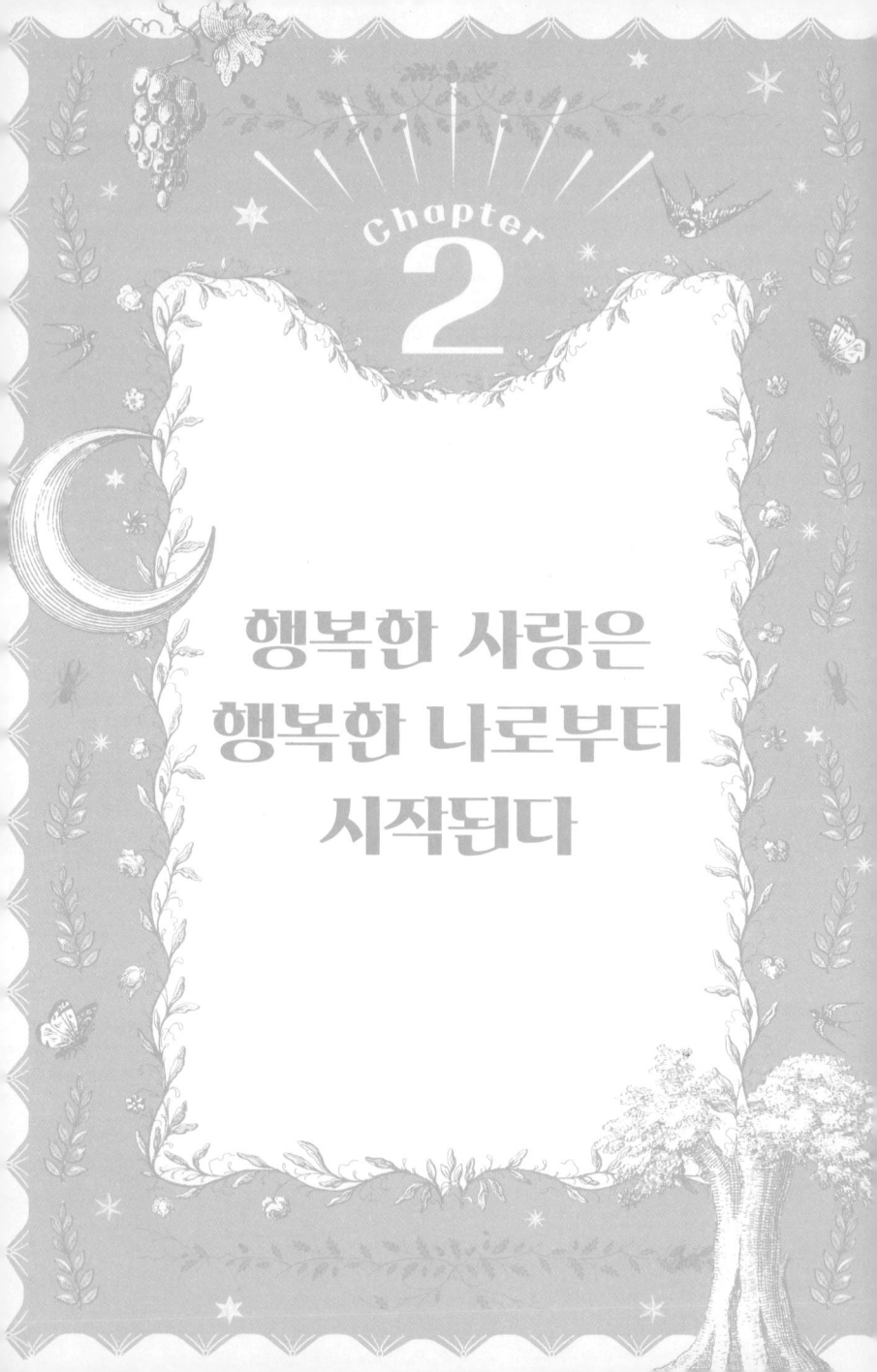

Chapter 2

행복한 사랑은 행복한 나로부터 시작된다

연애 고수가 알려주는 이별 방지법

Chapter 2
행복한 사랑은 행복한 나로부터 시작된다

'이대로 가다가는 헤어질 것 같은데……'

이런 상황에서 기사회생할 수 있는 비법이 궁금하신가요?

그건 바로 '그래 헤어져!' 하고 툭 던지는 것입니다.

이건 연애 고수들에게서 배운 방법입니다. 그런데 이게 쉬워 보여도 막상 하려면 잘 안 됩니다. 겉으로만 그런 척해서는 안 되기 때문이죠. 마음을 단단히 먹어야 합니다.

물론 진짜 헤어지게 될까 봐 두려워서 쉽사리 말이 안 나올 수도 있습니다. 그럴 땐 자신이 마치 비련의 주인공이 된 것처럼 그 역할에 흠뻑 취해서 말해 보세요. 소위 나쁜 여자, 나쁜 남자들은 흔히들 그렇게 합니다. 주위에도 그런 사람 꼭 한두 명은 있지 않나요? 연애에서만큼은 비련의 주인공이 되어도 흉이 되지 않습니다. 그렇게 하면 연애운이 움직이기 시작하면서 높은 확률로 연인이 다시 돌아오게 됩니다.

'그런 밀당은 싫다!'라고 생각하는 사람은 연애를 게임이라고 생각하지 않기 때문입니다. 연애를 잘하려면 연애도 게임이라고 생각해야 합니다. 상대방에게 푹 빠져 옴짝달싹 못하는 지경에 다다르면, 행복한 연애는 물 건너갔다고 보시면 됩니다. 자신의 사랑을 한번 되돌아보세요. 어떤가요? 게임처럼 하고 있나요?

헤어질 기미가 보이면 먼저 '그래 좋아, 헤어져!' 하고 내뱉으세요. '나 정말 힘들단 말이야. 그렇게 내 맘을 모르겠어?'라는 뉘앙스는 NG입니다. 진심인 듯 강하게 툭 내뱉어야 합니다.

운명의 짝을
만나고 싶다면

인연을 만나고 싶다면 동시에 여러 사람에게 다가가야 성공률이 높아집니다.

　보통은 이런 생각이 들 수도 있겠죠? '모두 다 OK 하면 어떡해요?' 하지만 이래야지 한 상대에게 너무 목매지 않습니다. 연애는 게임이라고 했지요. 사랑에는 여유가 필요합니다. **'그러다 누가 채가면요?' 하는 마음으로 전전긍긍 애태우면 사랑은 이루어지지 않습니다.**

　'그렇게 여유 부릴 만한 처지가 아니란 말이야!'라고 생각할지도 모르겠지만, 괜찮습니다. 무엇보다 당신이 착각에 빠지는 게 중요합니다. 현실은 잠시 잊고 자신이 지상 최고의 인기녀, 인기남이 되었다고 믿어 보세요. 일단 다가가고 싶은 사람 3명을 정합니다. 아무래도 동시에 여러 명을 공략하면 한 사람에게 올인하기 쉽지 않겠죠? 바로 그 점이 상대방의 마음을 뒤흔듭니다. 여기까지 왔다면 이미 반은 성공한 셈입니다.

Chapter 2
행복한 사랑은 행복한 나로부터 시작된다

위기감은 무의식적으로 들기 마련이지요. 이건 상대방에게도 마찬가지로 적용됩니다. 상대방도 두 사람 사이에 연결된 빨간 실이 끊어질 것만 같은 위기감을 느끼겠지요?

누누이 이야기했지만, 이때 필요한 건 여유입니다.

'난 한 명만 좋아해도 느긋한데'라고 하는 사람에게는 필요치 않은 방법이겠습니다만, 아무튼 여러 사람을 마음에 두면 의식은 자연스레 분산됩니다.

살짝 불편한 심리 상태로 데이트를 하다가 자연스럽게 데이트 횟수가 늘어나는 사람이 앞으로 사귀게 될 운명의 짝입니다. 한 번 더 이야기하겠습니다. 운명의 짝을 만나고 싶다면 여유를 가지고 동시에 여러 명에게 다가가세요.

좋아한다는
말 대신
신경 쓰인다고
말하라

Chapter 2
행복한 사랑은 행복한 나로부터 시작된다

누군가의 마음을 얻는 데 효과적인 방법을 소개하겠습니다. 호감이 가는 상대에게 일단 '요즘 네가 좀 신경 쓰여'라고 말하세요. **그렇게 말하는 순간부터 상대방도 십중팔구 당신을 신경 쓰게 돼 있습니다.**

여기서 핵심은, 상대방에게 푹 빠지기 전에 말해야 한다는 겁니다. 단순히 호감 정도만 있을 때 '난 인기 스타야' 하고 자기암시를 하며 그냥 가볍게 말해 보세요. 진심으로 좋아하면 마음을 전하기가 어렵습니다. 그렇게 되기 전에 상대방의 호기심을 자극하는 것이 중요합니다. 진심으로 좋아하지 않아도 괜찮습니다. 연애는 말에 책임지지 않을수록 잘 풀리니까요.

가장 효과적인 방법은 첫 만남에 바로 강렬하고 단호하게 말하는 것입니다. '당신과 결혼할 거예요!'라는 말도 좋겠지요. 이미 그러기로 결정된 것처럼 말하는 게 포인트입니다. 운명의 상대라는 느낌이 들었다면 한번 시험해 보세요. 다시 말씀드리지만, 이미 뱉은 말에 너무 연연하지 않는 것이 이롭습니다. 첫 만남이야말로 이런 말을 하기에 둘도 없는 기회입니다.

 이때 대부분은 미안하다는 말과 함께 부정적인 반응이 되돌아올 겁니다. 아니면 '뭐야, 이 사람……' 하고 불쾌한 감정을 내비칠 수도 있습니다. 하지만 이게 바로 핵심입니다. 그 후 아무 일 없었다는 듯 연락을 한번 해 보세요. 그러면 상대방도 당신을 신경 쓰게 되고, 마음이 약해졌을 때 반드시 마음을 열게 되어 있습니다.

 일방적으로 선을 긋는 방법도 좋습니다. '당신은 내 연애 상대가 아니야'라고 딱 선을 그어버리는 것도 같은 효과를 볼 수 있습니다. 여기서 포인트는 절대로 어정쩡하게 해서는 안 된다는 겁니다. 그 후로도 상대방이 마음을 열 때까지 차분히 기다려보세요.

호의를
받을 줄
아는 사람

당신은 호의를 잘 받는 편인가요? 세상 사람들은 대부분 호의를 잘 받지 못합니다. 호의를 받으려 하기보다는 어려운 사람을 도우려는 사람이 압도적으로 많습니다. 모두 누군가에게 필요한 사람이 되고 싶어서지요.

사람들 대부분은 누군가에게 친절을 베풀려 합니다. 이것은 '왜 그래? 뭐 도와줄까?' 하고 무언가를 해결해 주고 싶은 마음 때문입니다. 그래서 호의를 잘 받을 줄 아는 사람이 의외로 드뭅니다.

호의를 받으면 운의 기운이 상승합니다. 호의는 주는 쪽보다 받는 쪽의 운이 더 상승하기 때문이지요. 하지만 대부분은 잘 받아들이지 않습니다. '난 호의를 잘 받는 사람이 될 거야!' 하는 마음을 가져보길 바랍니다.

곰곰이 생각해 보면 '코트 걸어줄까?', '여기 앉을래요?'와 같은 친절을 받아들이지 않을 이유가 전혀 없습니다. 익숙하지 않으면 호의를 받는 일도 참 어렵습니다. 우선 상대방의 호의를 받아들여 보세요. 그것만으로도 당신은 크게 달라질 것입니다.

Chapter 2
행복한 사랑은 행복한 나로부터 시작된다

반대로 호의를 넙죽넙죽 잘 받을 줄 아는 사람은 운의 기운을 잘 빨아들이기 때문에 아량이 넓고 여유가 있습니다. 하지만 그런 사람이 곁에 있으면 본인에게는 해가 되므로 조금이라도 부담스럽게 느껴진다면 관계를 끊어야 좋습니다.

칭찬을 받아들이는 나만의 대답

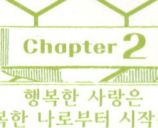

Chapter 2
행복한 사랑은 행복한 나로부터 시작된다

칭찬을 받았을 때 능숙하게 받아들이면 좋은 이미지를 줄 수 있습니다. 말에는 언령(言靈, 말에 깃든 영적인 힘)이 깃들어 있어 '예쁘다'라고 하면 정말로 예뻐집니다. 운의 기운을 높이려면, 상대방의 말이 좀 수상쩍어도 일단 받아들이고 보는 것이 좋습니다. 이것이 핵심입니다.

연예인들은 칭찬을 자주 듣습니다. 이때 **칭찬을 능숙하게 받아들이면 인기 운이 올라갑니다.** 일반인 중에서도 예쁘고 멋진 사람들은 칭찬을 잘 받아들입니다. 질리도록 들었을 텐데도 매번 '감사해요' 하며 매우 기뻐합니다.

칭찬을 듣자마자 '에이, 아니에요' 하고 습관처럼 겸손해지는 사람은 평소 '칭찬에 반응하는 답'을 외워 두면 좋습니다. 칭찬을 능숙하게 받아들이는 데는 반응을 어떻게 하느냐가 중요합니다. 반응을 잘하면 더욱더 칭찬을 끌어낼 수 있습니다.

예를 들어, '그런가요?' 하고 수줍게 말하거나, 고마워 어쩔 줄 모르겠다는 듯 '열심히 하길 잘했네요!' 하고 답해 보세요. 또 놀라면서 '진짜요? 기분 좋네요' 하는 반응도 좋습니다. 이 중에서 자신의 캐릭터와 잘 어울리는 것으로 해 보세요. 그냥 부드럽게 반응하기만 하면 OK입니다. 절대 아니라는 듯 한사코 부정하는 반응만 피하면 됩니다.

상대방을 살피면서 세심하게 반응해야 합니다. 언젠가 '나만의 칭찬받는 법'이 반드시 빛을 보게 될 날이 올 겁니다.

부족한 부분을 드러내라

믿기지 않겠지만, 꼭 뭐든 잘하고 훌륭한 사람만이 인기를 누리는 게 아닙니다. 주위에 그런 사람 꼭 있지 않나요? '야, 그런 남자가 뭐가 좋아!'라고 말하고 싶지만, 인기가 차고 넘치는 사람 말입니다. 이는 여성도 마찬가지겠지요.

인기 있는 사람은 앞서 말한 '호의를 잘 받을 줄 아는 사람', '칭찬을 능숙하게 받는 사람'의 단계를 훌쩍 뛰어넘은 사람입니다. 그들의 이런 점도 운을 끌어당깁니다.

사람의 마음속에는 '누군가에게 필요한 사람이 되고 싶다'라는 생각이 숨어 있습니다. 좋아한다는 건, 누군가를 도와주고픈 감정입니다. 따라서 역으로 상대방에게 당신의 부족한 부분을 적극적으로 나서서 도와주고 싶게끔 만들면 성공입니다. 인기 있는 사람들은 여기에 뛰어난 재능을 보입니다.

인기를 얻는 비결은 간단합니다. 혼자서는 절대 살아갈 수 없을 것 같은 분위기를 풍겨보세요. 처음에는 별 감정을 못 느끼던 사람이라도, 걱정이 들기 시작하면 상대방이 갑자기 귀여워 보이거나 좋아집니다. '필요한 사람이 되고 싶다'라는 마음이 절로 생겨납니다.

Chapter 2
행복한 사랑은 행복한 나로부터 시작된다

  그렇다고 해서 일부러 못하는 척할 필요는 없지만, 혼자서 잘 살 수 있더라도(사실 대부분 사람은 혼자서도 잘 먹고 잘삽니다) 지갑을 흘리고 다니거나 스마트폰 화면이 깨져 있는 등 빈틈을 보여보세요.

  '왜 이렇게 안 되지?' 하며 자신의 부족한 부분을 스스럼없이 드러낼 수 있는 사람이 운을 받습니다. 이를 형편없게 보는 시선이 있을지도 모르겠습니다. 어쩌면 부족한 부분을 필사적으로 꽁꽁 숨기고 있는 사람도 있을 테고요.

  하지만 갑자기 무언가가 잘 안 되면 **일단 '왜 이렇게 안 되지?'라는 말을 해 보세요.** 물론 사람들 앞에서 말입니다.

  틀림없이 주위 사람들의 태도가 달라질 것입니다.

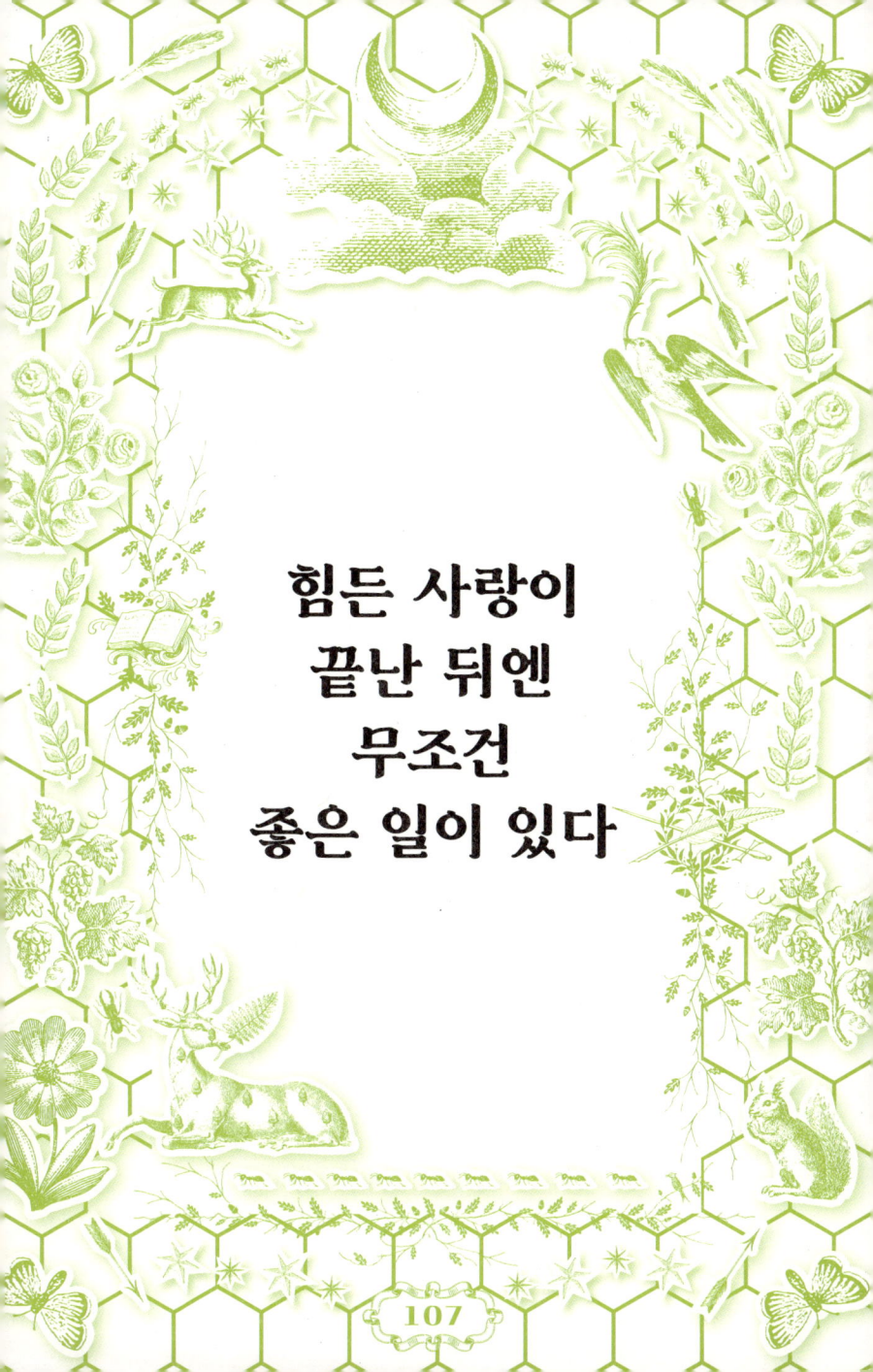

힘든 사랑이
끝난 뒤엔
무조건
좋은 일이 있다

Chapter 2
행복한 사랑은 행복한 나로부터 시작된다

'전부 잃었다, 이제 다 끝났다'라고 생각하는 순간, 운은 찾아옵니다.

연인과 힘들게 헤어지고 나면 자신이 세상에서 가장 불행한 사람처럼 느껴집니다. **바닥까지 떨어져 절망감에 몸부림치며 한 줄기 빛도 보이지 않을 때, 마침내 신이 나서서 도와줍니다.**

몹시 절박한 위기의 순간을 신은 늘 지켜보고 있습니다. 그래서 다음 연애는 대체로 잘 풀립니다.

'불행하면 곧 행운이 찾아온다고 했지? 이렇게 불행한데 복권이나 사볼까' 하는 마음이 들 수도 있겠지만, 절대로 당첨되지 않습니다. 그런 마음조차 들지 않을 정도로 '이제 다 끝났다, 이럴 바에야 죽는 게 낫다' 하는 절망감에 허우적거려야 운의 기운이 놀랄 만큼 빠르게 움직입니다. 하늘에서 신이 휙 하고 지나가는 느낌이랄까요?

만약 지금까지 너무 힘들었는데 좋은 일이 하나도 없었다고 느낀다면 조금만 더 기다리세요. 반드시 당신에게 신이 찾아올 겁니다.

힘든 사랑이 끝나면 승진을 하거나 다른 회사로부터 스카우트 제의를 받는 등 결혼 대신 더 크고 좋은 일이 생깁니다. 반대로 일에서 큰 실패(직장에서 잘리거나, 회사가 부도난 경우도 포함됩니다)를 겪은 후에는 연애운이 좋아지기도 합니다.

연애 상대를 보면 나의 문제를 알 수 있다

사람은 대부분 특정 별자리의 사람과만 사귑니다. '에이, 설마'라고 생각하는 분은 지금까지 만났던 사람들의 별자리를 한번 떠올려 보세요. 당신의 아버지나 어머니와 별자리가 같을 수도 있습니다.

이러한 예로, 감정을 잘 다루지 못하는 사람은 게자리 사람에게 끌립니다. 게자리는 감정의 별자리라서 사람의 기분에 무척 민감한 편입니다. 그래서 감정 조절이 잘 안 되고 사람의 기분을 잘 파악하지 못하며 자기가 하고 싶은 대로만 밀고 나가는 사람은 자신과 반대 성향인 게자리 사람에게 끌립니다. 사람은 기본적으로 자신에게 있는 문제를 가지고 있지 않은 사람에게 끌리기 때문이지요.

결국, 사람은 연애를 통해 자신의 문제를 해결합니다. 결혼은 안정감을 추구하기 때문에 서로 비슷한 사람끼리 끌어당기지만, 연애는 정반대인 경우가 많습니다. 그래서 연애로 시작한 결혼은 불행할 수 있습니다. 두 사람의 문제가 해결되지 않은 상태에서 결혼한다면 모를까(연애하는 동안 너무 싸워서 결혼할 마음이 들지는 모르겠지만), 문제가 해결된다면 서로에게

Chapter 2
행복한 사랑은 행복한 나로부터 시작된다

더는 끌릴 이유도 없겠지요.

물론 서로의 문제가 해결되어도 함께 맞춰가며 백년해로 하는 사람들도 있습니다. 하지만 일반적으로 결혼은 처음부터 비슷한 사람끼리 만나야 잘 삽니다.

만나자마자 결혼하고픈 생각이 든다면 비슷한 상대이니 결혼해도 좋다는 뜻입니다. 같이 있을 때 편안함을 느껴야 오래오래 행복하게 살 수 있습니다.

이래서 '연애와 결혼은 다르다'라는 말이 나온 겁니다.

✿ 별자리별 정리 ✿

▶ **연애 상대가 양자리라면** 도전 정신을 가져라

연애 상대가 양자리인 사람은 도전 정신을 가져야 합니다. **혼자의 힘으로 앞길을 개척해 나가야 합니다.** 지금은 다른 누군가한테 의지하기보다 스스로 무언가 이루어낼 때입니다. 자기 정체성을 확립할 시기인 셈이지요. 다른 사람에게 기대기보다 스스로 살아갈 에너지를 만들어야 합니다. 리더십을 발휘할 필요가 있습니다.

▶ **연애 상대가 황소자리라면** 재능을 살려라

연애 상대가 황소자리인 사람에게 필요한 것은 가지고 있는 재능을 살리는 일입니다. 재능을 모두에게 보여주어야 합니다. **자신의 능력을 믿고 행동하며, 그 재능이 돈벌이로 연결되게끔 해야 합니다.** '나중에 뭐 어떻게든 되겠지!' 하고 조금 느긋한 마음을 갖는 것도 중요합니다. 앞으로는 운이 좋

Chapter 2
행복한 사랑은 행복한 나로부터 시작된다

을 거라고 믿는 자세도 필요합니다.

▶ 연애 상대가 쌍둥이자리라면 공부를 하라

연애 상대가 쌍둥이자리인 사람은 지식을 쌓아야 합니다. **공부하지 않으면 지금보다 앞서 나갈 수 없습니다.** 책을 더 많이 읽고 자격증을 따는 등 주위에서 인정받을 만큼 어떤 분야에서 뛰어나야 합니다. 사람들 사이에서 화제로 떠오를 만한 인물이 되어야 합니다. 또 의사소통 능력을 기를 필요도 있습니다. 쌍둥이자리 사람은 지식이 많고 커뮤니케이션 능력이 뛰어나므로 소통력, 협상력, 친화력을 길러야 합니다.

너무 무뚝뚝한 태도를 보이지 않도록 조심하되, 생각이 얼굴에 드러나지 않도록 주의하세요. **부담없이 이야기를 나눌 상대도 필요해 보입니다.** 사람은 절대 혼자서 살 수 없다는 점을 명심해 주세요.

▶ **연애 상대가 게자리라면** 사랑을 듬뿍 주어라

연애 상대가 게자리인 사람은 사랑이란 감정을 배워야 합니다. 또는 주변 사람들과 잘 어울리거나 내 편이 되어줄 사람을 늘리고 그룹이나 단체 활동을 잘해야 합니다.

이기적으로 굴지 않고 집의 균형을 잡아 주는 대들보처럼 가족이나 팀을 잘 지키려는 마음가짐이 중요합니다.

▶ **연애 상대가 사자자리라면** 자신감을 갖고 자기표현을 하라

연애 상대가 사자자리인 사람은 자기를 중심으로 자신감을 가지고 자기표현을 해야 합니다. 자신의 매력을 끌어내고 프레젠테이션 능력을 높이는 것도 중요합니다. **당신에게 가장 필요한 것은 자기 인생의 주인공으로 살아가는 것입니다.** 앞에 나서는 것, 사람들 눈에 띄는 것을 두려워하지 마세요. 당신의 마음속에선 주위의 인정을 받고 싶다는 욕구가 커지고 있습니다. 인생에서 무엇에 초점을 맞출지 생각해야 할 때입니다.

▶ 연애 상대가 처녀자리라면 감사하는 마음과 자기희생 정신을 가져라

 연애 상대가 처녀자리인 사람은 무엇보다 감사하는 마음과 자기희생 정신을 갖는 것이 중요합니다. 배려심을 길러 상대방의 마음을 헤아리고 사람들에게 너그러우며, **말하기보다 경청하는 힘을 길러야 합니다.** 마음을 여는 것이 가장 중요하고 지나치게 분석하며 따지지 않아야 합니다.

 또 누군가에게 필요한 사람이 되고 싶다는 마음이 강해지고 있습니다. 인생에서 당신의 사명과 역할을 찾는다면, 삶이 빛날 것입니다. 무엇을 위해 살고 어떤 노력을 할 건지 고민해 보세요. 당신이 미래를 위해 무엇을 할 수 있을지 깊이 생각해 보는 것이 중요합니다.

▶ 연애 상대가 천칭자리라면 서로 의논하고 의견을 절충하는 능력을 길러라

 연애 상대가 천칭자리인 사람은 한 가지에 푹 빠지기보다는 두루두루 잘할 수 있는 일을 생각해 보세요. 좋아하는 것

하나에만 꽂히지 않도록 신경 써야 합니다. 적대심을 버리고 협동심을 길러보세요. **속마음을 너무 드러내지 않는 것도 중요합니다.**

사람과의 일대일 관계를 잘 풀어가며 대등하게 주고받을 줄 알아야 합니다. 서로 의논하고 절충하는 능력을 길러보세요. 상대방을 존중하는 태도 또한 중요합니다.

▶ 연애 상대가 전갈자리라면 깊고 진지하게 파고들어라

연애 상대가 전갈자리인 사람은 얼마나 진지하게 최선을 다하느냐가 관건입니다. 한 가지에 몰두하거나 깊이 파고들어 그것을 몸에 완전히 익혀야 합니다. 다만, **타인에게 사랑받고 사람들과 잘 지내기 위해선 지나치게 고집을 피우면 안 됩니다.** 전갈자리는 사랑이 깊은 별자리입니다. 인간관계에서 깊은 유대감을 맺는 것이 중요합니다. 어떻게 하면 사람들과 잘 지낼 수 있을지 고민해 보세요.

Chapter 2

행복한 사랑은
행복한 나로부터 시작된다

▶ 연애 상대가 사수자리라면 목표를 높게 잡아라

연애 상대가 사수자리인 사람은 더 큰 목표를 지향하거나 높은 위치에 있는 것이 좋습니다. 그러려면 강한 정신력이 필요하겠지요. 남이 본받고 싶어 할 만한 점을 만들어 보세요.

혹은 지금과는 다른 환경에서 승부를 내거나, 꿈과 이상을 좇아 행동하는 것도 좋습니다. 정신적인 성장이 꼭 필요해 보입니다.

▶ 연애 상대가 염소자리라면 일부러 힘든 일을 해라

연애 상대가 염소자리인 사람은 어떻게 하면 출세할 수 있을지 사회적 성공에 주목해야 합니다. 무엇보다 업무 성과를 가장 중요시하세요. 아니면 자신의 성장을 위해 일부러 어려운 길을 선택하거나 힘든 일을 하는 것도 좋습니다. **여러 가지로 인내하면 훗날 여러 가지로 큰 도움이 되므로 힘든 일을 자처해 보세요.** 일부러 험난한 길을 가는 것이 정답입니다. 또 용서하는 마음을 갖는 것도 중요합니다.

▶ **연애 상대가 물병자리라면** 개성을 보여주고, 박애 정신을 가져라

연애 상대가 물병자리인 사람은 한 사람만 좋아하지 말고, 더 넓은 사랑을 품어보세요. 모두가 행복해지는 방법을 탐구하고 평등을 중요시하는 마음가짐도 필요합니다.

무엇보다 주관을 앞세우지 않고 객관성을 갖도록 노력해야 합니다. 더 다양한 분야의 사람들을 만나고 그 인맥을 적재적소에 활용해 보세요. 자신이 다른 사람들과 무엇이 다르고 어떤 면에서 뛰어난지를 명확히 보여줄 수 있어야 합니다. **그리고 전혀 예상치 못한 일이 생겨도 포용할 줄 알아야 합니다.** 최첨단 기술을 받아들이고 시대의 흐름을 따라가라는 신호도 보입니다.

▶ **연애 상대가 물고기자리라면** 타인에게 의지하라

연애 상대가 물고기자리인 사람은 응석을 부리거나 타인에게 의지하는 마음이 필요합니다. 약한 모습을 보이며 자신에게 이로운 쪽으로 행동해 주세요. 아니면 반대로 이익을

Chapter 2
행복한 사랑은 행복한 나로부터 시작된다

너무 따지지 않고 오로지 타인을 위해 사는 방법도 있습니다. **자신의 강한 운기를 믿고 현실적인 생각만이 전부가 아니라는 사실을 알아야 합니다.** 이 세상에 일어나는 기적을 믿으세요.

그리고 남에게 말할 수 없는 비밀은 절대 밖으로 드러내지 말고 꼭꼭 숨겨야 합니다. 인연을 끊어야 할 사람들과는 작별하고, 새로운 사람들과 꾸준히 인연을 만들어 나가세요.

화를 내야 할 때는 참지 말아라

인생을 살다 보면 화를 내야만 하는 순간이 있습니다. 하지만 다른 사람에게 화내는 모습을 보이면 손해라고 생각하는 사람이 많습니다. 그런 모습을 보였다가 나를 싫어하면 어쩌나, 괜한 걱정이 들기도 하고요. **하지만 남에게 화를 낸다는 건, 누구에게도 지지 않겠다는 강한 자신감을 표현하는 것이기도 합니다.**

화내지 않는 사람은 변화를 두려워하는 사람입니다. 다시 말해, 중요한 부분에서 승부를 내지 않고 있다는 뜻이지요.

이유도 없이 괜히 가슴이 답답했던 적은 없나요? 그건 본능적으로 무언가를 감지했기 때문입니다. 뭔가 좀 이상하다고 느꼈다면, 당신의 마음은 이미 화가 났다는 뜻입니다.

때로는 분노의 스위치를 켜야 하는 순간이 있습니다. 제때 화내지 않으면 운은 움직이지 않습니다. **분노를 느꼈다면 승부를 내야 합니다.**

인생에는 이처럼 승부를 내야 하는 순간들이 있습니다.

Chapter 2
행복한 사랑은 행복한 나로부터 시작된다

 이건 걸핏하면 분통을 터뜨리는 것과는 다릅니다. 사사건건 트집 잡고 화내는 사람은 그저 성가신 존재로밖에 느껴지지 않습니다. 별것 아닌 일은 대수롭지 않게 넘기고 진짜 분노의 감정에 주목해야 합니다. **자신의 존엄성을 해치고 마음을 동요하게 하는 분노를 주시하세요.** 중요한 순간, 인간은 생존 본능을 발휘합니다. '이 위기를 어떻게 대처할 것인가'에 대해 진지하게 생각하면 기회가 옵니다.

 이런 마음속에서 올라오는 분노의 소리에 귀 기울여 변화에 잘 활용해 보세요.

 단 한 번이라도 좋으니 도망치지 마세요. 자신감이 붙고 운이 바뀔 것입니다. 참지 말아야 할 때를 알게 됩니다. 그러면 일이 더 잘 풀리고 변화가 찾아옵니다.

사소하게라도 아부하지 않는다

Chapter 2

행복한 사랑은 행복한 나로부터 시작된다

'사람들에게 인정받고 싶다' 이게 바로 현대인이 가지고 있는 병입니다. 우리는 늘 어디선가 이런 기분에 시달리고 있습니다. SNS 피로 또한 이것의 일종이지요.

만약 당신이 진짜 좋아서 '좋아요'를 누르는 게 아니라면 당장 그만두세요. 아무런 의미가 없는 행동입니다. 상대방에게 신경 쓸 시간에 자신이 정말 좋아하는 일에 집중해 보세요. 그렇게 자신을 가꾸는 일이 몇 배나 더 유익합니다.

아부를 떨어야 하는 환경에 과연 운이 있을까요? 거기는 내가 있을 곳이 아닙니다. '뭐, 그까짓 일로' 하며 별 대수롭지 않게 여길지도 모르겠습니다. 하지만 일상 속 사소한 일에 아부가 끼어 있으면 알게 모르게 아주 피곤해집니다. **아첨하고 있다면 무언가 잘 안 풀리고 있다는 뜻입니다.** 얼른 그곳을 떠나 다른 곳으로 가야 합니다. 만약 학교나 직장 문제가 얽혀 있어 인간관계로부터 쉽게 도망칠 수 없는 상황이거나, 굳이 잘 보이고 싶은 마음이 들지 않는다면 소신을 지키며 정면 돌파하세요. 아부할 수밖에 없는 상황이라면 자신의 부족한 점을 채울 무기를 만들어야 합니다. **아부하는 자신을 자각했다면 이는 변화가 필요하다는 신호입니다.**

초조하면 그만둬라

Chapter 2
행복한 사랑은 행복한 나로부터 시작된다

무슨 일이든 초조한 마음이 들면 일단 그만둬야 합니다.

예를 들어 사귀고 싶은 사람이 있는데, '어떡하지, 전화해 볼까? 아냐, 안 받으면 어떡해. 바쁘지 않을까?' 하고 조바심이 드는 상대라면 당장 그만두는 게 좋습니다.

뭔가를 하려고 할 때 심장이 심하게 쿵쾅거린다면, 일단 그만두세요. 이 감각을 기억하면 무슨 일이든 판단하기가 쉬워집니다. 또, 만에 하나 일이 잘 풀리지 않더라도 쉽사리 우울감에 빠지지 않을 수 있습니다. 이것은 인생에서 아주 중요합니다.

당신도 이미 결과를 뻔히 알고 있습니다. 잘될 일은 애쓰지 않아도 자연스럽게 풀립니다.

이것은 업무에서도 마찬가지입니다. 물론 진심 어린 사과를 해야 하는 상황이라면 이야기가 달라지겠지만, 전화로 뭔가를 부탁하려고 할 때 심장이 쿵쾅거리고 초조하다면 그만두는 것이 좋습니다. 물론 처음 만나는 상대에게 긴밀히 부탁할 일이 있을 때는 긴장이 되겠지만, 그것이 두근두근 설레는 느낌이라면 괜찮습니다.

초조하다는 건 결국 자신에게 주도권이 없다는 뜻입니다. 이 점을 잘 기억해 주세요.

연애의 주도권을 잡아라

연인 상대로는 불만을 토로할 수도 있고 하고 싶은 말을 스스럼없이 내뱉을 수 있는 사람이 최고입니다. 이 점을 깨닫지 못하고 상대방을 아직 잘 알지도 못하는 상태에서 단지 첫인상만으로 상대를 내치는 짓은 경솔한 행동입니다. 함께 시간을 보내다 보면 의외로 잘 맞는다고 느낄 수도 있습니다. 연애에서 중요한 것은 따로 있습니다. 바로 '주도권을 잡는 것'이지요.

간혹 주도권을 쥐게 되면 상대방에게 매력을 느끼지 못하는 사람이 있습니다. 이런 사람은 연애 말고는 설레는 일이 하나도 없는 단조로운 삶을 살고 있을 가능성이 큽니다. **그래서 자극적이고 불행한 연애를 찾기 쉽지요.** 정말 안타까운 일이 아닐 수 없습니다. 연애는 행복해지는 것을 목표로 삼아야 합니다.

불행한 연애를 그만두고 싶다면 일과 취미에 몰두해 보세요. 안정된 연애를 할 수 있게 됩니다. 결혼하고픈 생각이 있는 사람에게 자극적인 연애만큼 쥐약인 것은 없습니다.

마지막으로 호감 가는 사람의 약속을 백 퍼센트 받아내는

Chapter 2
행복한 사랑은 행복한 나로부터 시작된다

꿀팁 하나를 알려드리겠습니다. '오늘 저녁에 밥 먹을래?' 하고 물어본 다음, 당장 그 자리에서 답을 들으세요. 상대에게 생각할 시간을 주어서는 안 됩니다. 부담스럽지 않게 물어보되 자연스럽게 주도권을 잡으세요. 그리고 미리 계획해 둔 일이 있을 수도 있으니, 한두 번 거절당한다고 낙담하지 마세요. 조바심을 내지 않으면 반드시 맺어집니다.

난처한 표정을 지어라

Chapter 2
행복한 사랑은
행복한 나로부터 시작된다

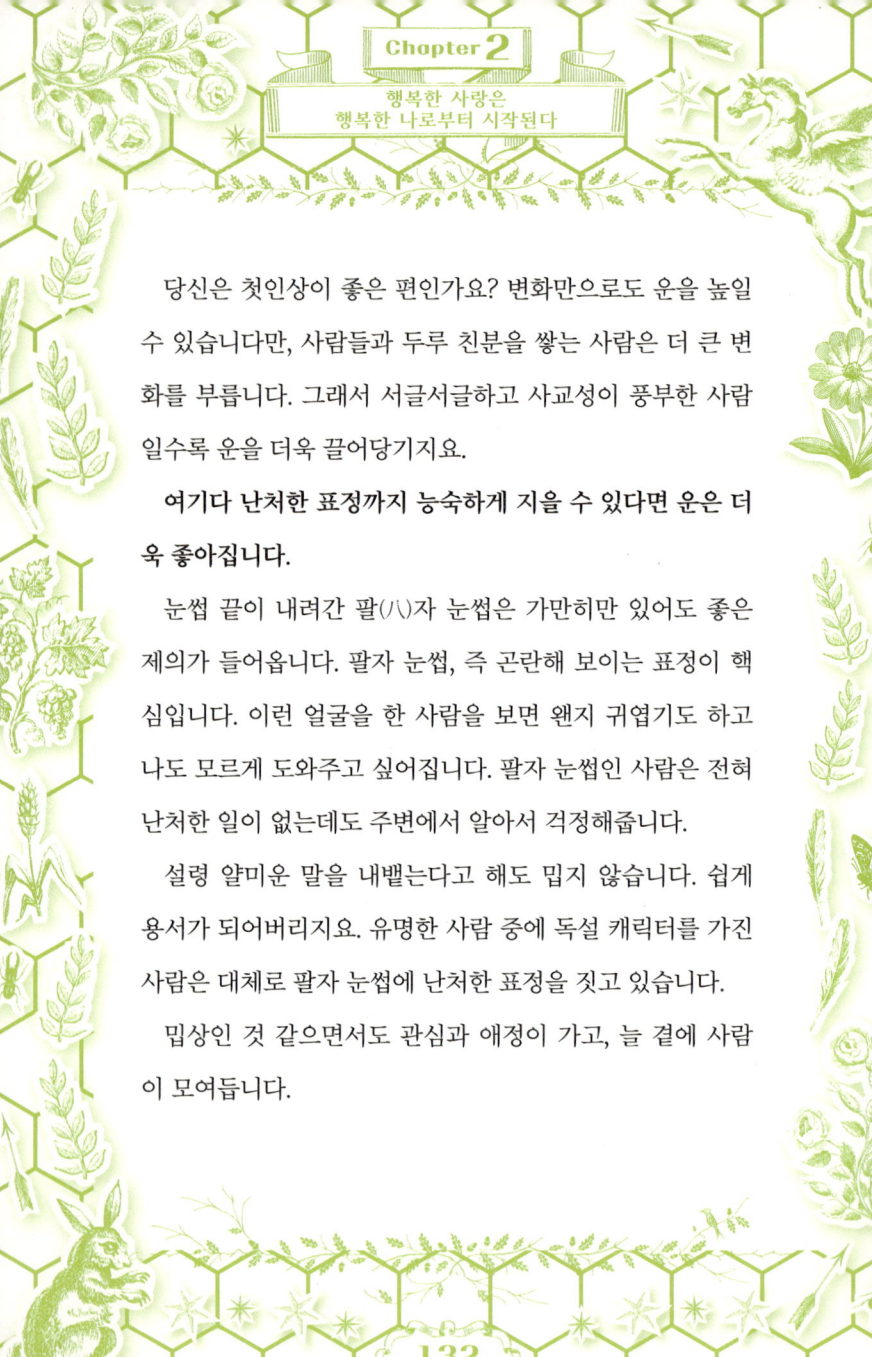

　당신은 첫인상이 좋은 편인가요? 변화만으로도 운을 높일 수 있습니다만, 사람들과 두루 친분을 쌓는 사람은 더 큰 변화를 부릅니다. 그래서 서글서글하고 사교성이 풍부한 사람일수록 운을 더욱 끌어당기지요.

　여기다 난처한 표정까지 능숙하게 지을 수 있다면 운은 더욱 좋아집니다.

　눈썹 끝이 내려간 팔(八)자 눈썹은 가만히만 있어도 좋은 제의가 들어옵니다. 팔자 눈썹, 즉 곤란해 보이는 표정이 핵심입니다. 이런 얼굴을 한 사람을 보면 왠지 귀엽기도 하고 나도 모르게 도와주고 싶어집니다. 팔자 눈썹인 사람은 전혀 난처한 일이 없는데도 주변에서 알아서 걱정해줍니다.

　설령 얄미운 말을 내뱉는다고 해도 밉지 않습니다. 쉽게 용서가 되어버리지요. 유명한 사람 중에 독설 캐릭터를 가진 사람은 대체로 팔자 눈썹에 난처한 표정을 짓고 있습니다.

　밉상인 것 같으면서도 관심과 애정이 가고, 늘 곁에 사람이 모여듭니다.

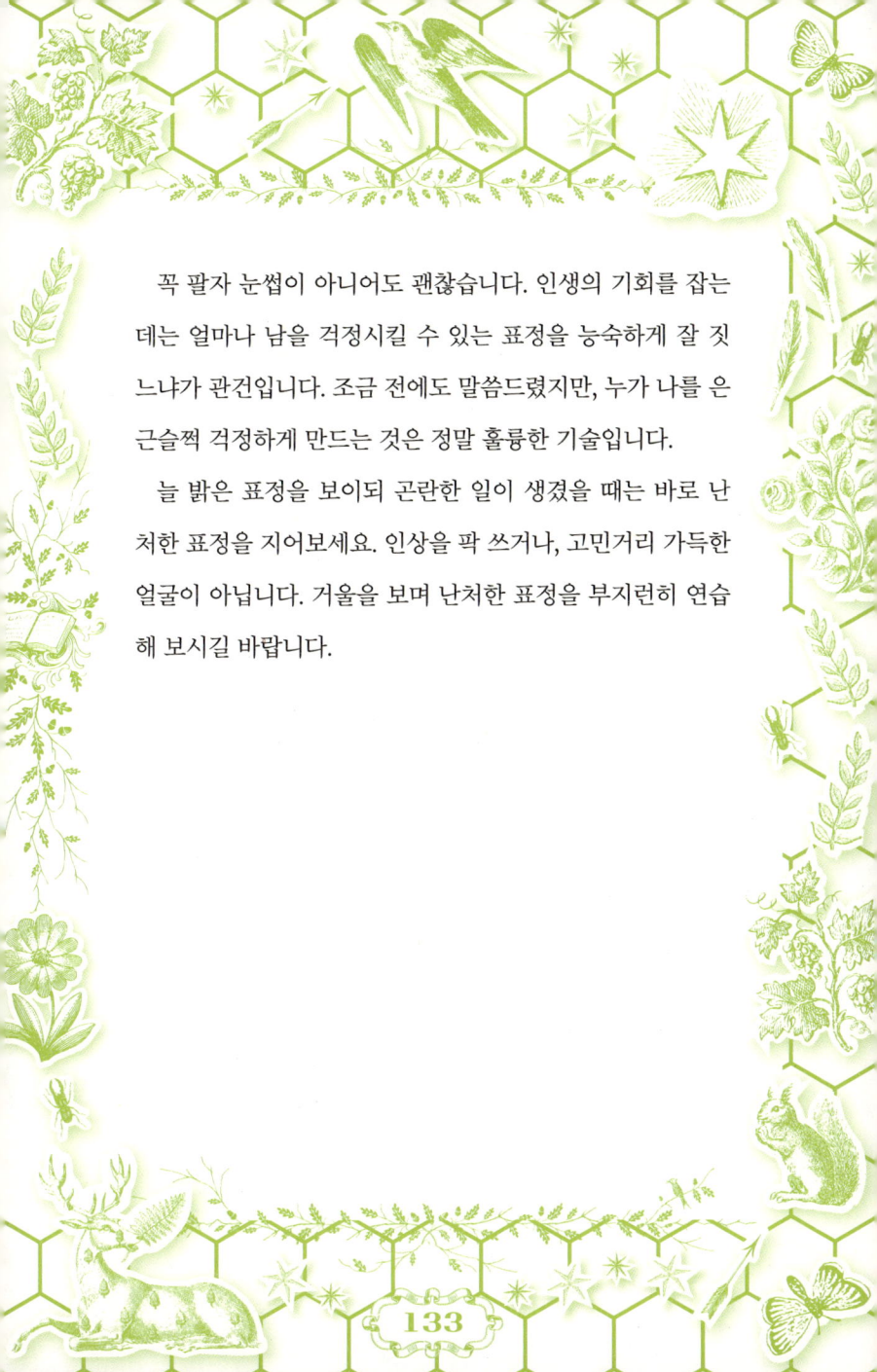

꼭 팔자 눈썹이 아니어도 괜찮습니다. 인생의 기회를 잡는 데는 얼마나 남을 걱정시킬 수 있는 표정을 능숙하게 잘 짓느냐가 관건입니다. 조금 전에도 말씀드렸지만, 누가 나를 은근슬쩍 걱정하게 만드는 것은 정말 훌륭한 기술입니다.

늘 밝은 표정을 보이되 곤란한 일이 생겼을 때는 바로 난처한 표정을 지어보세요. 인상을 팍 쓰거나, 고민거리 가득한 얼굴이 아닙니다. 거울을 보며 난처한 표정을 부지런히 연습해 보시길 바랍니다.

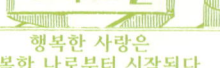

행복한 사랑은
행복한 나로부터 시작된다

인기를 얻고 싶다면

마음에 둔 그가 나를 봐줬으면 싶다, 멋진 사람들이 나를 좋아해 줬으면 좋겠다, 인기를 끌고 싶다.

당신이 어떤 인기를 얻고 싶은지는 정확히 모르겠습니다만, '인기를 얻고 싶다'라는 고민만큼은 충분히 전해집니다. 사람의 매력 포인트는 다 다르므로 천편일률적으로 무엇을 하면 인기를 끌 수 있을지 단언하기는 어렵지만, 여기 두 가지 해결책이 있습니다.

① 눈썹으로 나만의 매력을 만들 것
② 타고난 성격을 살릴 것

이 두 가지 방법 가운데 하나를 집중적으로 해 보세요.

가장 효과가 빠른 방법은 눈썹 모양을 다듬는 것입니다.

눈썹은 성격을 나타내기 때문에 눈썹 모양을 바꾸면 성격도 바꿀 수 있습니다. 성격이 바뀌면 그 후의 인생도 달라집니다. 특히 여성은 화장으로 눈썹 모양을 어느 정도 바꿀 수 있으니, 인기를 끌고 싶다면 눈썹에 변화를 줘보세요.

눈썹은 시대의 영향도 강하게 받습니다. 일본 유명 가수 아무로 나미에가 전성기를 누리던 2000년대에는 가느다란 눈썹이 유행했었지요. 이때는 세상을 향한 날카로운 의견과 신념, 굳센 의지가 요구되던 시대였습니다.

한편, 현재는 굵은 눈썹이 유행입니다. SNS의 영향으로 점점 얕아지는 인간관계 속에서 깊은 애정을 필요로 하는 심리 표현이라고 할 수 있겠지요.

①번은 눈썹 모양을 다듬어 운의 기운을 조절합니다. **②번은 타고난 눈썹에 담긴 자신의 운명을 받아들임으로써 큰 운을 불러옵니다.** 자세한 건 다음 항목에서 소개하겠습니다.

되도록 두 가지 방법 모두 가볍게 시도해 보세요. 둘 다 해 봐야 어느 쪽이 자신의 운을 여는 포인트가 되는지 알 수 있을 것입니다. 만약 너무 튀어 인기를 달아나게 하는 사람이라면, 눈썹 모양을 다듬는 것만으로 변화를 끌어낼 수 있습니다. 한편 상대방에게 지나치게 끌려다니는 사람이라면 타

Chapter 2
행복한 사랑은 행복한 나로부터 시작된다

고난 운명을 좀 더 강하게 하는 것이 필요합니다. 어느 쪽이든 모두 시도해 보세요.

눈썹 사이의
털을 정리하라

Chapter 2
행복한 사랑은 행복한 나로부터 시작된다

그럼 지금부터 인기를 끄는 눈썹 다듬기 방법을 소개하겠습니다. 제가 가장 추천하는 방법은 눈썹 사이의 털을 뽑아 미간을 넓히는 것입니다. 또 눈썹을 그릴 때 색을 꼼꼼히 칠하지 않는 것입니다.

미간을 넓히면 좋은 운이 들어옵니다.

일본 배우로 말할 것 같으면 이시하라 사토미와 아야세 하루카가 있습니다. 미간이 넓으면 일을 받아들이는 그릇이 커져 성공을 부릅니다.

앞서 말한 팔자 눈썹도 좋겠지요. 눈썹을 약간 아래로 쳐지게 그리는 방법도 추천합니다.

이것이 인기를 끄는 대표적인 눈썹입니다.

하지만 눈썹 모양에는 저마다 의미가 있어서, 본래 눈썹이 나타내는 대로 살아야 성공하는 사람도 있습니다. 당신이 '내 모습을 바꾸는 건 싫다. 내 성격대로 살고 싶다'라고 한다면 그렇게 해도 좋습니다. 그렇지만 조금 바꿔보는 것도 새로운 자신을 발견하고 인생을 바꾸는 기회가 되지 않을까요?

판단은 여러분께 맡기겠습니다.

자신의 운명을 살려 인기를 끌어라

이번에는 자신의 눈썹을 살리는 방법을 소개하겠습니다. 정말 간단합니다. 본래 눈썹 모양 그대로 따라 그리고 눈썹이 난 결대로 색만 칠해주면 끝입니다.

당신의 눈썹은 어떤 모양인가요?

눈썹 모양에 따라 당신이 '천재'인지도 알 수 있습니다.

주목할 부분은 눈썹 끝부분입니다. 일본 영화감독 기타노 다케시, 배우이자 MC인 아카시야 산마 모두 **눈썹 끝이 뾰족하고 세모 모양입니다.** 만화 《왕괴짜 돈만이》의 주인공 돈만이도 눈썹이 세모 모양은 아니지만, 끝이 뾰족합니다. 이런 눈썹은 기상천외한 발상력과 행동력을 나타냅니다. 이것이 바로 천재 눈썹이지요. 만약 당신이 천재성을 원한다면, 눈썹 꼬리 쪽을 두껍게 그리면 큰 효과를 볼 수 있습니다.

Chapter 2
행복한 사랑은 행복한 나로부터 시작된다

한편, 일확천금을 바라고 눈앞의 이익을 꾀하는 사람 중에는 미간이 좁은 경우가 많습니다. 물론 큰돈을 만져보고 싶다면 이쪽도 나쁘지는 않겠지요. 만화 《여기는 잘나가는 파출소》의 주인공 료츠 칸키치는 미간이 좁다 못해 눈썹이 하나로 이어져 있습니다. 미간이 좁은 사람은 열정적이고 의리가 넘칩니다.

눈썹이 가는 사람은 신념을 굽히지 않는 타입입니다. 다만, 자신의 의견을 끝까지 밀고 나가는 데는 뛰어날지언정 공격적인 타입이 많지요.

눈썹이 전체적으로 긴 사람은 눈치가 빠르고 수동적으로 행동하는 타입이 많습니다.

혹여 자신의 눈썹 모양이 별로 안 좋은 것 같아도 크게 개의치는 마세요. 그건 그 나름대로 매력적입니다. **좋은 점만 있는 것보다 나쁜 점도 좀 있어야 이성의 관심을 더 끌 수 있습니다.**

덧붙여서 만약 자신이 소심해 보이는 것 같으면, 눈썹을 가늘게 다듬어 저돌적인 느낌이 나게 해 보세요. 쓸쓸함이 느껴지면 눈썹을 짙게 그리는 것도 좋습니다. 인기를 떠나서 눈썹 모양을 자유자재로 바꿔가며 즐겨보세요. 단, 눈썹을 자꾸 뽑고 깎으면 다시는 나지 않을 수 있으니 이 점만 유의하시길 바랍니다!

Chapter 2
행복한 사랑은
행복한 나로부터 시작된다

이마를 드러내면
일이 술술 풀린다

당신은 앞머리가 있나요?

멋을 떠나서 앞머리의 유무는 운의 방향을 결정합니다.

하지만 여기서 선택이 필요합니다.

지금은 일에 집중할 때인가요, 결혼할 때인가요? 고민스럽겠지만 둘 중 하나만 골라야 합니다.

관상학에서 이마는 사회운이나 업무운을 나타낸다고 합니다. 따라서 이마를 훤히 드러내면 일을 척척 해낼 수 있습니다. 앞머리를 내리지 않고 좌우로 정갈하게 갈라 이마를 드러내는 사람은 업무운이 아주 좋아집니다. 그래서 업무운의 기운을 높이고 싶다면 이마를 보여야 합니다. 반대로 결혼하고 싶다면 앞머리를 내려서 이마를 가려주세요.

결혼하고 싶다면
앞머리를 내려라

안 믿으실 수도 있지만 '앞머리를 내리면 결혼할 수 있습니다'라는 저의 조언을 듣고 결혼에 성공한 사람이 주위에 정말 많습니다. 이마는 업무운, 눈썹은 커뮤니케이션을 나타냅니다. 앞머리로 이마와 눈썹을 가리면 결혼할 수 있게 됩니다. 앞머리가 강한 자아를 숨겨주기 때문이지요.

물론 상대방이 있는 그대로의 당신을 좋아해 준다면 순탄하게 결혼할 수 있습니다. **그래도 결혼을 하기로 마음먹었다면 고집을 내려놓는 편이 좋을 수도 있습니다.**

참고로 여기서 말하는 앞머리는 평범한 앞머리를 말합니다. 일자로 자르거나, 너무 짧게 자르거나, 눈을 가릴 정도로 길게 자른 앞머리는 자칫 이상해 보일 수 있어 역효과를 불러옵니다.

Chapter 2
행복한 사랑은 행복한 나로부터 시작된다

 여담입니다만, 앞머리를 내리는 남성도 늘고 있습니다. 요즘은 남성도 자신을 드러내지 않는 이미지가 인기 있는 시대인지도 모르겠습니다.

얼굴이 닮은 사람과 결혼하라

당신은 좋아하는 사람과 닮았나요?

긴긴 세월을 함께 산 부부는 얼굴까지 닮는다고 하지요. 하지만 '처음부터 닮았던 게 아닐까?' 싶습니다. 닮으면 자연스레 끌리기 때문이지요.

나와 닮은 사람은 결혼 상대로 최고입니다. 전체적인 윤곽이나 골격, 체형은 크게 신경 쓰지 않아도 됩니다. 눈, 코, 입, 머릿결 같은 부분에 주목해야 합니다. 이런 **부분들이 닮으면 한결같은 사랑을 하게 됩니다.**

사실 연애 상대는 이런 부분들이 정반대인 경우가 많습니다. 그래서 상극을 보이며 자주 싸우기 때문에 연애가 더 불타오릅니다. 뭔가 자극적인 사건을 원하는 탓에 정반대의 상대를 고르는 건지도 모르겠습니다. 하지만 자극적이고 드라마틱한 연애는 결혼으로 이어지기 어렵습니다.

Chapter 2

행복한 사랑은
행복한 나로부터 시작된다

 얼굴 생김새가 비슷하게 느껴지는 사람과는 사랑에 빠질 가능성이 큽니다. 이런 사람과는 결혼해서 같이 살아도 편안합니다. 흡사 자신을 보고 있는 듯한 기분에 안심이 되는 것이지요. 덧붙여서 친구끼리 얼굴 생김새가 비슷하면 우정도 오래갑니다.

 결혼 당시에는 남편이 뚱뚱하고 아내가 날씬했는데, 자꾸 아내가 남편을 닮아가며 뚱뚱해졌다고 가정해 봅시다. 이런 경우는 아내가 남편과 헤어지기 어렵습니다. **닮아가는 쪽의 애정이 더 깊기 때문이지요.** 의존도가 더 높다고 할 수도 있겠습니다. 흥미롭게도 둘 중 어느 쪽이 더 닮아 가는지를 유심히 살펴보면 남편과 아내의 관계를 가늠할 수 있습니다.

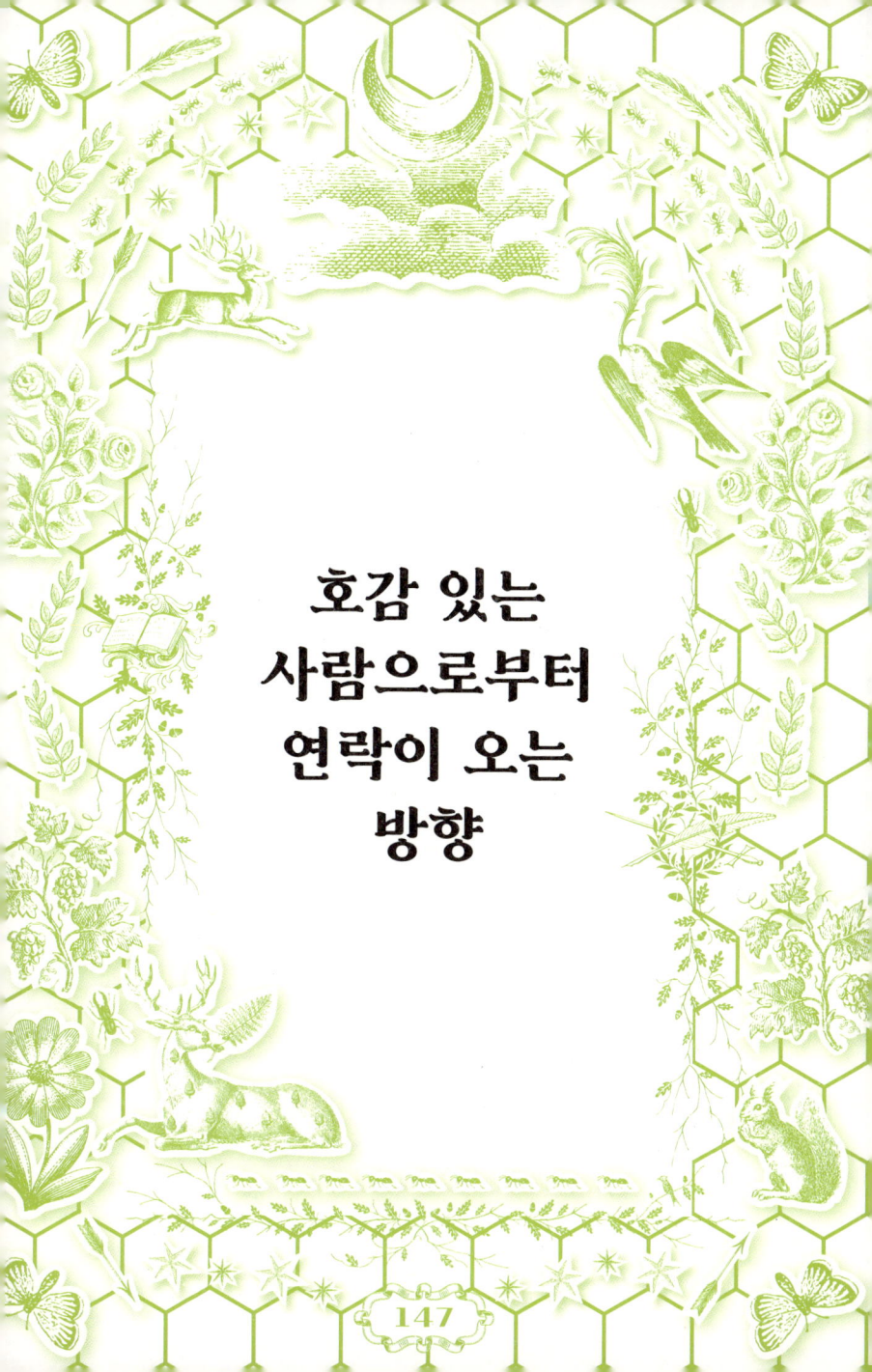

호감 있는
사람으로부터
연락이 오는
방향

Chapter 2
행복한 사랑은 행복한 나로부터 시작된다

꽃은 심리학적으로 여성을 나타내는 이미지가 있습니다. 피고 지는 꽃의 일생은 생명을 나타냅니다. 언젠가 덧없이 지고 마는 생화는 그 자체를 에너지라고 볼 수 있습니다. 찬란한 꽃을 활짝 피우고 서서히 시들어가는 꽃은, 인생도 한낱 이와 다르지 않다는 깨달음을 줍니다. **꽃을 장식하고 즐기는 일은 짧은 인생을 실감케 해 주고 변화를 일으키도록 일깨웁니다.**

또 꽃은 나쁜 기운을 빨아들이기 때문에 빨리 시드는 때도 있습니다. 이럴 땐 꽃에 감사하는 마음을 갖고 꽃이 나쁜 운을 가져가도록 하세요.

호감 가는 사람이 있다면 '북쪽'에서 흰 꽃을 사보세요. 이왕이면 하얗고 큼직한 꽃이 좋겠지요. '북쪽'은 성과 연애를 나타냅니다. 흰색은 북쪽의 운기를 높이는 색입니다.

꽃뿐만이 아니라 흰색 물건을 북쪽에서 가져오면 인간관계가 잘 풀리고, 만남의 기회가 늘어납니다.

더불어 북쪽에서 가져온 흰 꽃을 동쪽에 두면 실행력이 향상됩니다. 멈추었던 연애도 움직이기 시작합니다. 참고로 남동쪽에 두면 결혼 운이 좋아집니다. 그러니 결혼하고 싶은 사람은 남동쪽에 꽃을 장식하세요. 색깔, 가져오는 방향, 두는 위치, 이 3가지 힘을 꼭 이용해 보시길 바랍니다.

행복한 사랑은
행복한 나로부터 시작된다

정을 끊을 줄 알아야 한다

운을 최대로 끌어올리는 방법은 '정을 끊는 것'입니다. 인생에서 가장 중요한 것은 어떻게 자신의 세계를 확장하느냐입니다. 세계가 확장되면 변화가 생기고 운이 좋아집니다.

그런데 세계가 확장되는 순간이 그리 좋지만은 않습니다. 반드시 '외로움'을 동반하게 됩니다. 세계를 확장한다는 것은 곧 익숙한 현재 세계에 더는 있을 수 없다는 뜻이니까요.

특히, 현재 가장 가까이 있는 연인이나 친구, 지인들이 내 마음을 이해해 주지 않는다고 느낀다면, 그 '정'은 과감히 끊으세요. **관계를 끊어야 하는 시기입니다.**

인간관계는 중요합니다. 하지만 그런 관계에 얽매이면 자신의 가능성을 잃게 될 수도 있습니다. 10대라면 모를까 인생은 매우 짧습니다. 모든 사람과 어울려 친분을 쌓다 보면 눈 깜빡할 사이에 소중한 시간이 사라져 버립니다.

즐거웠던 사람들과의 시간이 끝난 다음에야 비로소 전환점이 찾아옵니다. 마음을 굳게 먹고 정을 끊어야 하는 때가 있습니다. 아무리 사이좋은 사람들이 모여 있는 즐거운 곳이라도 당신의 앞날에는 도움이 안 되는 곳일 수도 있습니다.

그곳에 있는 사람을 지나치게 소중히 여겨서는 안 됩니다. 당신 인생의 주인공은 어디까지나 당신입니다. 당신의 세계를 넓히고 행운이 깃들게 만들어야 합니다. 물론 그 자리가 당신에게 온전히 도움이 된다고 떳떳하게 말할 수 있다면, 아직은 당신에게 필요한 곳이라는 뜻이겠지요. 모임에서 중요한 일을 맡거나 진지한 마음으로 그 모임에서 활동하는 건 좋은 일입니다. 하지만 이 모임이 자신에게 걸림돌이 되진 않는지 세심하게 살펴야 합니다.

익숙한 모임에서 벗어나 오롯이 혼자가 된 외로움을 느껴 보세요. 그러면 당신에게 행운과 성장을 가져다 주는 새롭고 유익한 모임이 또 생겨납니다.

참고로 내가 속한 모임이 4개쯤은 있어야 세계가 넓어집니다. 규모는 작아도 상관없습니다. 친목 모임, 공부 모임, 일 모임, 가족 모임 등, 이 밖에도 관계를 제대로 관리하고 유지할 수만 있다면 4개 이상 있어도 상관없습니다.

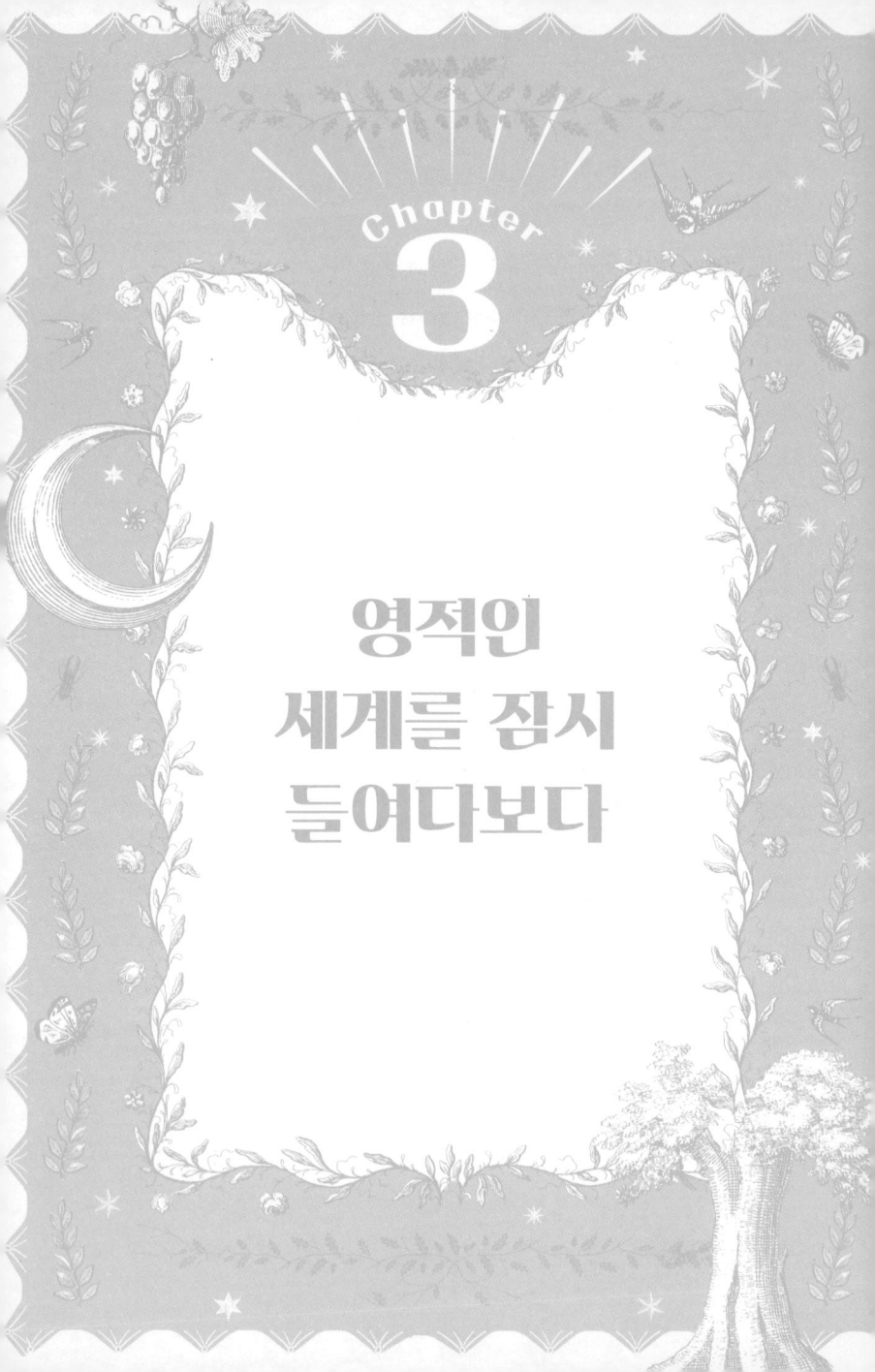

Chapter 3

영적인 세계를 잠시 들여다보다

인간보다 더 큰 존재

지금부터 하는 이야기는 매우 단순하지만 사실입니다. 신과 같은 큰 존재를 믿는 사람일수록 인생이 더욱 잘 풀립니다. 지금껏 제가 점쳐 온 대기업 회장이나 돈을 끌어모으는 사람들을 보면, 대개 절이나 교회 등으로 기도를 하러 갑니다. 집에 신단을 만들기도 하지요.

인간에게는 어딘가에 '신'이라는 존재를 느껴야만 살아갈 수 있는 유전자가 있을지도 모릅니다. **사람은 믿는 구석이 있으면 더 도전적으로 변하기 마련입니다.** 이는 '조상님이 돌봐주고 있어서 괜찮다'라는 마음과 같지요.

인간 외의 무언가에 감사하는 마음을 갖는 건 중요합니다. 자신이 결코 세계 최고가 아니라는 겸허한 마음으로 사는 것도 필요합니다. 신을 느끼면 오염된 마음이 정화되고 인간성이 좋아지며 정신 능력이 향상됩니다. 우리 눈에 보이지 않는 어떤 존재가 우리를 움직이고 있을지도 모른다, 노력만으

Chapter 3
영적인 세계를 잠시 들여다보다

로는 풀리지 않는 세계가 있다, 이런 생각을 하고 받아들이는 것도 우리에게 좋은 영향을 미칩니다.

옛날 사람일수록 하늘의 뜻에 의지하곤 했습니다. 전국시대 무장도 자신이 '하늘의 보살핌을 받고 있는지' 늘 궁금해했습니다. 오늘날 스타 스포츠 선수도 '오늘은 운이 좋았습니다' 혹은 '오늘은 운이 없었습니다' 하고 말하는 모습을 자주 보게 됩니다. 톱을 차지하는 사람들은 운이 승패를 크게 좌우한다는 점을 잘 알고 있기 때문이지요. 그것을 구체적인 이미지로 형상화하는 데는 '신'이 가장 적절한지도 모르겠습니다.

몇 해 전까지만 해도 신을 믿지 않던 사람들이 신성한 장소에 다니고 나서부터 여러 가지로 일이 잘 풀린다고 하는 말을 심심찮게 듣고 있습니다. 신을 믿을지 안 믿을지가 고민이라면 믿는 쪽이 당연히 이득이라고 말씀드리고 싶습니다.

신은 분명히
지켜보고 있다

Chapter 3
영적인 세계를 잠시 들여다보다

열심히 했는데도 아무런 보상을 받지 못했을 때, 꼭 이 세상에 나 혼자만 있는 것 같지 않나요?

하지만 신은 분명히 지켜보고 있습니다. '그런 곳에 운을 쓰지 마라!' 하고 말할 뿐입니다. 그러니 지레 포기하지 마세요. **푸념을 늘어놓거나 남을 조금 탓해도 좋으니 부디 힘내서 견뎌보세요.**

지속하고 싶은 무언가가 있는 사람은 행복합니다. 열심히 파고드는 것만으로도 인생에는 생각지 못한 일이 일어납니다. 신은 이런 사람을 무척 좋아하지요.

인정받지 못해 생긴 좌절감은 행운을 불러오는 에너지원이 됩니다.

힘껏 끌어당긴 노력이 그 반동으로 잘 날아갈 수 있게 해야 합니다. 끌어당긴 시간이 길수록 운은 강해집니다. 그런데 그것을 중간 지점에서 날리면 날 수 있는 거리가 짧아져 손해를 봅니다. 그래서 좌절은 하면 할수록 좋습니다. 절망이 깊으면 돌아오는 운은 더욱더 강해지지요. 미래에 당신이 최고로 인정받을 수 있는 무대가 마련되어 있습니다. 덧붙여서

신에게 신호를 보내고 싶을 때는 팔꿈치 부분을 잡아당겨 보세요. 운이 높아집니다. 얼토당토않은 이야기 같지만 진짜입니다. 이때다 싶을 때 꼭 시험해 보세요.

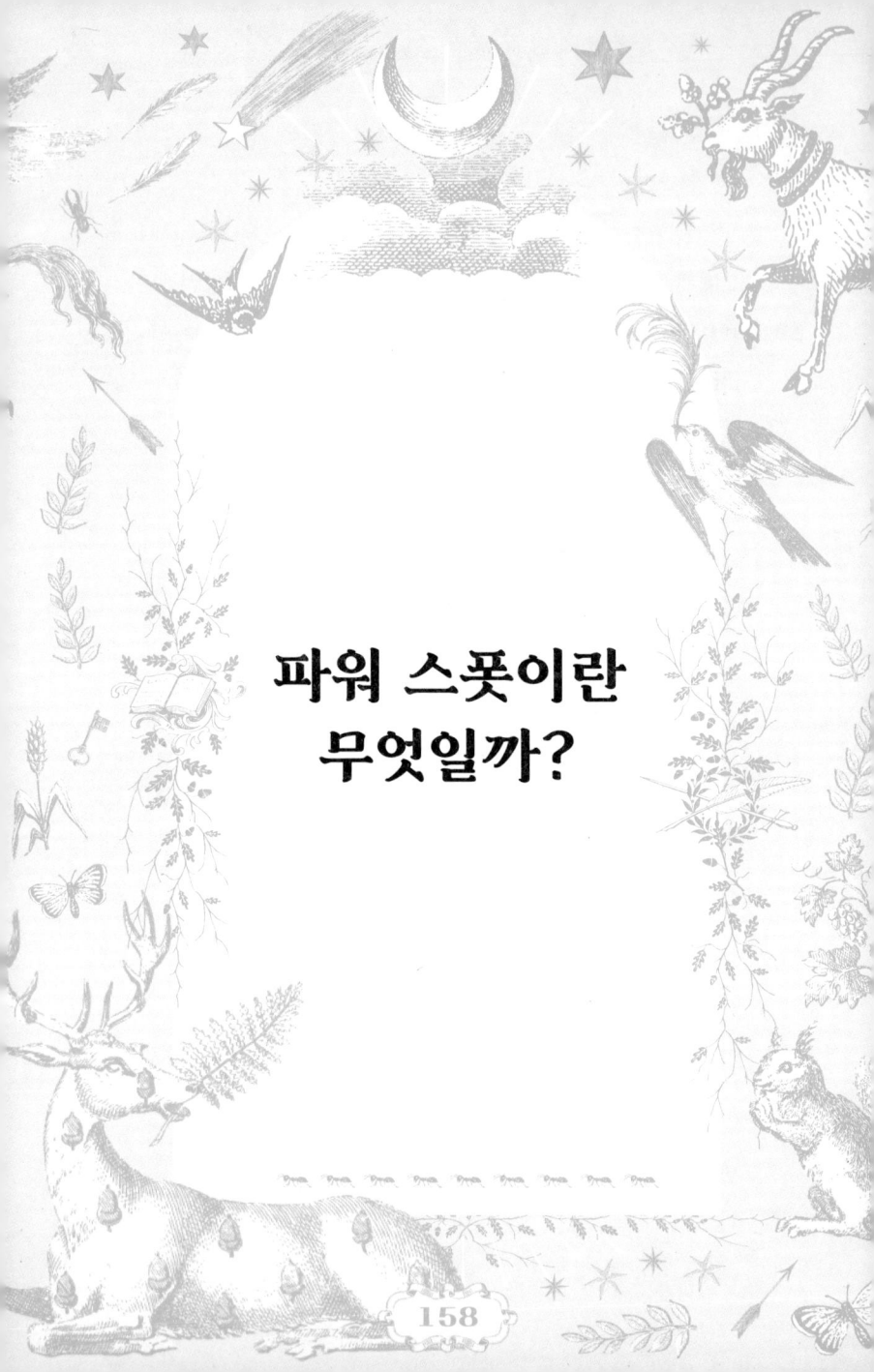

파워 스폿이란 무엇일까?

파워 스폿Power Spot이란 그 자리에 있는 것만으로도 운의 기운이 상승하는 장소입니다. 보통 신을 모시는 곳이나 장대한 자연이 있는 곳을 말합니다.

그중 중요한 곳은 산입니다. 산이야말로 힘의 근원이죠. 기(氣)가 흐르는 길을 용맥(龍脈)이라고 하고, 그 종착 지점을 용혈(龍穴)이라고 합니다. 물은 기를 나릅니다. 용혈에 살면 대대손손 번영을 누린다고 합니다. 오늘날에는 자연에 있는 산뿐만 아니라 빌딩 숲도 '산'이라고 볼 수 있습니다. 그리고 길은 강으로 간주합니다.

산에 직접 가보는걸 추천합니다. 예를 들어, 일본은 후지산에서 가장 큰 기가 흘러 나옵니다. 그 기가 용맥을 따라 도착한 용혈에는 황궁(에도성)이 있습니다. 이 산에서 가장 거대한 기가 흐르긴 하지만, 다른 산에도 기가 흐릅니다.

강과 호수, 바다에도 기가 흐르기 때문에 그곳에서도 운기를 잡을 수 있지만, 산의 힘만큼 강하지는 못합니다. 명당 중의 명당은 산과 강이 있고 바람이 불어오는 공기가 맑은 곳입니다. 단, 유명하고 영험한 분위기의 절이라도 정치 목적으로 만들어진 곳은 힘이 약합니다.

영적인 세계를 잠시 들여다보다

집에서 먼 곳일수록 좋다

 강력한 파워 스폿을 하나 더 추가하자면 집에서 가기 힘든 장소를 들 수 있습니다. 가기 힘든 곳일수록 힘이 더욱 세집니다. 지금 자신이 사는 곳에서 멀면 멀수록 좋습니다. 그리고 반드시 자기 돈으로 가야 합니다. 누구나 손쉽게 갈 수 있는 곳, 자기 돈을 들여서 가지 않는 곳은 파워 스폿이 아닙니다.

 또 시골에서 사는 사람에게는 도시가 파워 스폿이 될 수 있습니다. 처음부터 산과 강이 있고 공기가 맑은 곳에 살던 사람은 도시로 나가 자극을 받으면 운이 좋아집니다. 좋은 '기'를 품고 있지만, 너무 순수한 탓에 오히려 약간의 독성이 필요합니다. 현재 도시에 사는 사람은 시골 친정에 가는 것도 정화가 됩니다. 원래는 시골 사람이지만 도시에 사는 사람은 본가도 파워 스폿이 됩니다.

재물운은 물과 길을 따른다

힘의 근원인 산으로 운을 끌어오는 것은 바람과 물입니다. 물은 풍수의 관점에서 보면 '금전운(金錢運)'을 관장합니다.

큰 호텔이나 옛날 일본 가옥도 물에 둘러싸여 있는 모습을 흔히 볼 수 있습니다. 예부터 '재물운은 물의 기운에 머문다'라고 여겨왔기 때문이지요. 이것은 '물의 움직임'에 따라 '재물이 움직인다'라는 풍수학의 관점에서 비롯된 것입니다.

금전운을 나르려면 끊임없이 물이 흘러야 합니다. 옛날에는 강의 물살을 타고 물건을 운반했기에 강이야말로 부의 흐름을 상징했습니다. 오늘날은 강과 더불어 도로도 그 역할을 하고 있습니다. 차량이 많은 도로에 터를 잡은 가게는 손님이 많이 드나들기 때문에 번창합니다.

물이 흐르는 곳이나 큰 도로 주변은 금전운을 끌어당깁니다. 잘 기억해 두세요.

영적인 세계를 잠시 들여다보다

전생의 기억은 손에 배어 있다

당신의 전생은 무엇이었을까요? 저는 손에 전생의 기억이 남아있다고 믿습니다.

태어나기도 전에 이미 가지고 있던 힘을 현생에서 사용하는 사람일수록 능력치가 높아집니다. 전생과 가까운 직업을 가지면 인생이 잘 풀리는 경우가 많습니다. 이미 손에 그 기술이 배어 있기 때문이지요.

예를 들어 손가락이 날렵하게 기다란, 즉 손가락 뿌리 부분에서 손끝으로 갈수록 가늘어지고 살집이 없는 깔끔한 손을 '달의 손'이라고 합니다.

이런 손을 가진 사람은 사람들과 잘 어울리고 협업에 뛰어납니다. 그래서 선생님이나 의료관계자, 상점 경영 등 집단의 버팀목 역할을 하면 좋습니다. 특히, 손가락이 긴 사람은 전생에 법을 제정하거나 정치에 관여하고 집단과 관련된 고위직으로 활약했을 가능성이 큽니다.

반대로 손가락이 굵고 짧으며 살집이 두툼한 손을 '금성의 손'이라고 합니다. 특히, 네모진 손을 가진 사람은 일상을 소중히 여기는 것에서 삶의 기쁨을 얻습니다. 이런 사람들은 요식업계 종사자 등 일상에 없어서는 안 될 장사를 업으로 삼으면 좋습니다. 아니면 돈이 되고 안 되고를 떠나서 좋아하는 일을 직업으로 삼는 것도 괜찮습니다.

손가락 마디가 도드라져 보이는 손은 '화성의 손'입니다. 이런 손을 가진 사람은 정통 학자나 예술가 유형으로, 전생에 뭔가를 깊이 연구했을 공산이 큽니다. 호불호가 강해서 독불장군 같은 면모도 보이지만, 카리스마가 넘치는 타입입니다. 또한, 어떤 분야에 뛰어난 지식을 갖추고 있습니다.

전생과 현생의 직업이 완전히 다르더라도, 전생의 기억을 현재 하는 일과 연결시키면 좋은 기회를 얻을 수 있습니다.

욕실에서 좋은 기를 받아라

욕실은 더러움을 씻어내고 나쁜 기운을 떨어뜨리는 공간입니다. 행운을 부르려면 깨끗이 청소하는 것이 풍수의 기본입니다. 밝은 색상의 목욕용품을 두거나 장수를 상징하는 수세미로 몸을 깨끗이 씻으면 욕실도 파워 스폿이 됩니다.

욕실은 정신도 해방하기 때문에 이곳을 파워 스폿으로 만들면 '아카식 레코드Akashic records(우주에 존재하는 기록층으로 과거에 일어난 일의 흔적들이 기록된다)'에 쉽게 접근할 수 있습니다. 우주라는 클라우드에 들어있는 정보를 지상에서 검색하는 것과 비슷합니다. 욕실에서 '아~, 개운하다' 하고 말할 때, 하루 동안 참았던 것들이 발산되어 심신이 편안해집니다. 그러면 우주의 여러 가지 메시지를 포착할 수 있습니다. 자신의 무의식도 해석할 수 있지요. 정신이 편안하고 여유로워지면 여러 가지 목소리를 들을 수 있게 됩니다.

그런데 이러한 메시지는 금세 잊어버리기 마련입니다. 바로 메모할 수 있도록 가까운 곳에 펜과 종이를 두거나 휴대전화의 녹음 기능을 통해 기록을 남겨두어야 합니다.

참고로, 욕실에서 '혼잣말'을 하는 것도 정말 좋습니다. **욕**

Chapter 3
영적인 세계를 잠시 들여다보다

실에서 혼잣말하면 하루 동안 쌓인 스트레스를 날릴 뿐만 아니라, **나쁜 기운도 씻어냅니다.** 몸뿐만 아니라 마음도 깨끗이 씻어보는 건 어떨까요?

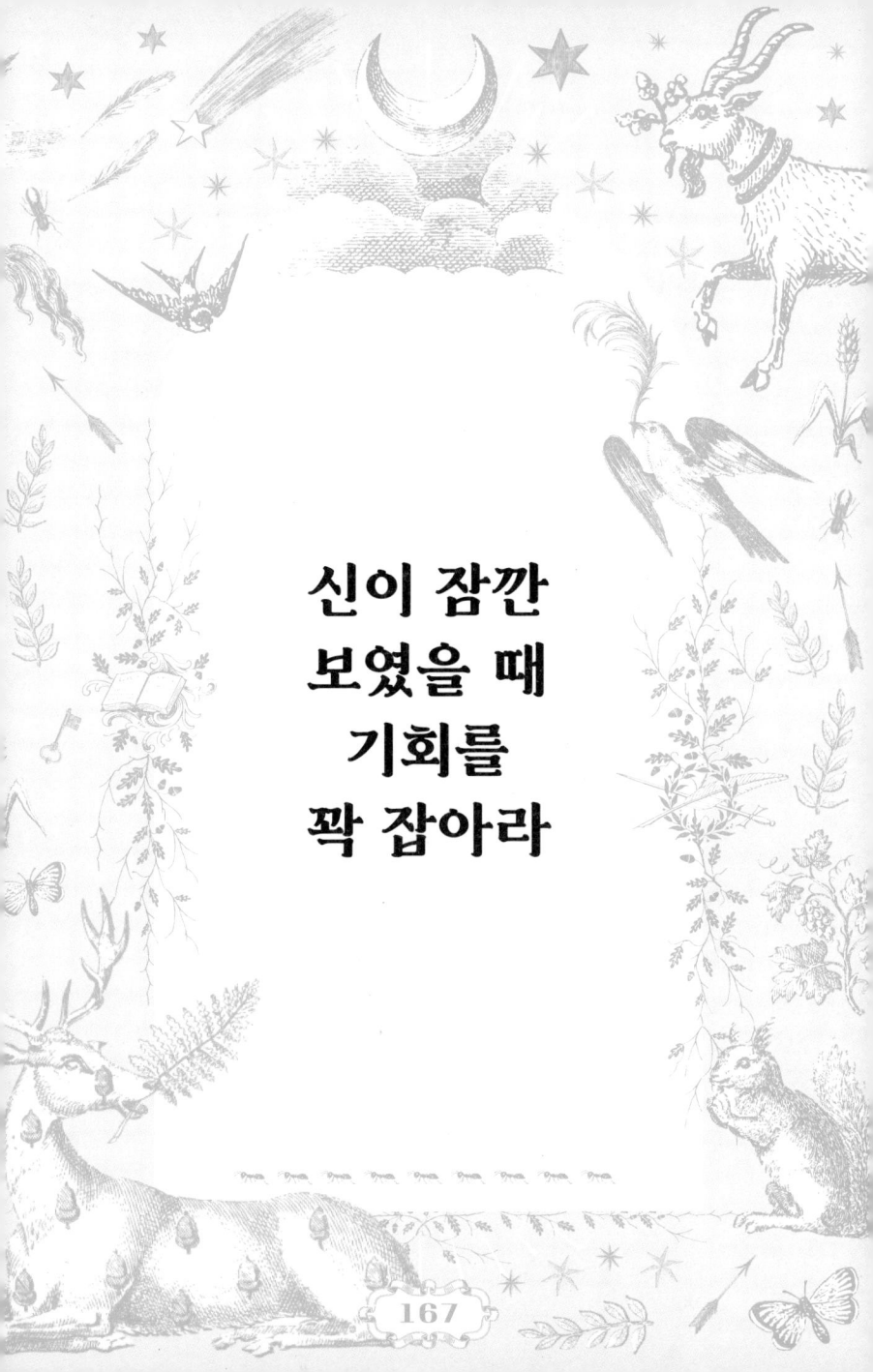

신이 잠깐 보였을 때 기회를 꽉 잡아라

Chapter 3
영적인 세계를 잠시 들여다보다

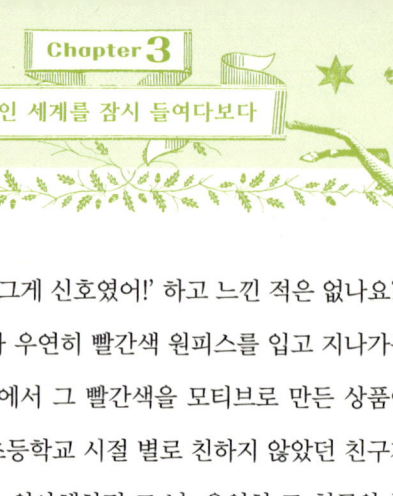

혹시 '그래! 그때 그게 신호였어!' 하고 느낀 적은 없나요?

가령, 길을 걷다가 우연히 빨간색 원피스를 입고 지나가는 사람을 본 뒤, 직장에서 그 빨간색을 모티브로 만든 상품이 대박이 났다거나, 초등학교 시절 별로 친하지 않았던 친구가 꿈속에 나와서 조금 의아해하던 그 날, 우연히 그 친구와 똑같은 이름을 가진 사람을 만나 굉장히 친해졌다거나.

이처럼 신은 잠깐 모습을 비췄다가 사라집니다. 직접적으로는 아니지만 어떤 이미지를 통해 기회를 줍니다. 그 기회를 꿰뚫어 볼 수 있는 사람만이 소위 대박을 터뜨릴 수 있습니다. **그러므로 인상적인 것을 발견했다면 절대 그냥 지나치지 마세요.** 일상에는 신이 주는 힌트가 가득 있습니다.

외부에서 일어나는 일에 촉각을 곤두세워 보세요. 하루하루를 즐겁게 여기면 여러 가지 좋은 일이 생깁니다. 참고로 신은 바로 전날 신호를 주는 경우가 많습니다. 이 이치를 알면 운이 좋아집니다.

나만의
신성한 공간

Chapter 3
영적인 세계를 잠시 들여다보다

종교가 있는 사람은 대부분 강한 기운을 지니고 있습니다. 방에 신성한 공간을 꼭 마련해 보세요. 제대로 된 신단을 준비할 필요는 전혀 없습니다. 부적과 갈퀴(재물을 쓸어 담는 상징물)만 있으면 충분합니다.

우선 방 어디에 공간을 만들지 정합니다. 신성한 공간은 한 집에 하나만 있으면 됩니다. 그래야 힘이 집중됩니다. 만일 한 곳을 더 정하고 싶다면 현관이 괜찮습니다.

신성한 공간이라고 하면 매일 같이 물을 떠 놓고 제물을 올려 인사를 드려야 한다고 생각할 수 있는데 전혀 걱정할 필요 없습니다. 전부 필요치 않습니다. 한 번씩 먼지만 제거해줘도 충분합니다. 물론 할 수만 있다면 신경 써서 잘 차리는 것도 좋겠지요. 하지만 무엇보다 신성한 공간의 효험을 보려면 늘 깔끔하게 관리하는 것이 중요합니다. 어려운 일이 생기거나 간절히 바라는 일이 있을 때 부담 없이 의지할 수 있는 뭔가가 있다면 든든하지 않을까요?

신성한 공간은 조금 높은 위치에 마련하는 것이 좋습니다. 선반 같은 곳에 가볍게 만들어 보세요. 전자 제품과 가까이 있어도 전혀 상관없습니다. 특히 금전운을 높이고 싶다면 공간을 서쪽에 마련하세요.

영적인 세계를 잠시 들여다보다

용을 발견하면
운은 자연히 따라온다

 최근에 용과 관련된 것들이 유행하고 있습니다만, 용은 이미 여러 점이 등장하기 훨씬 이전부터 신화 속 상상의 동물로 세상에 존재해 왔습니다. 애초부터 인간에게는 용에 끌릴 수밖에 없는 무언가가 있는지도 모르겠습니다.

 예부터 용의 존재를 발견하면 행운이 찾아온다고 여겼습니다. 중화요리점에도 용이 흔하게 장식되어 있지요. 세상 어디든 용에 관한 전설은 꼭 있습니다. **용은 커다란 것, 하늘에서 내려오는 것, 행운을 가져오는 것으로 상징됩니다.**

 덧붙여서 전국시대 무장들은 자신의 성 위에 떠 있는 구름의 형태로 운명을 점쳐왔는데, 그중에서도 용 모양을 발견하면 행운이 깃든다고 여겼습니다. 하늘을 올려다보고 용처럼 생긴 구름을 찾아보세요. 혹 찾게 된다면 사진을 찍어 배경화면으로 설정하는 것도 좋겠지요. 하늘에서 보낸 메시지인지도 모릅니다.

구름 외에도 용의 기운을 찾으면 행운이 옵니다. 어떤 가게 주인은 샐비어(사악한 기운을 물리치는 등 정화 작용이 있는 허브)로 향을 피우다가 용 모양 연기를 보았는데, 그 후로 가게가 무척 잘됐다고 합니다.

무심코 발견한 나무의 옹이나 늘어선 빌딩 등의 그림자도 좋습니다. '용이 어디에 있을까?' 찾으며 행운을 잡아보세요. **단, 그림으로 그려지거나 천에 수놓아진 용, 장식해 둔 용이 아니라 용 모양을 우연히 발견하는 것이 핵심입니다.** 운은 눈에 보이지 않기 때문에 감각으로 느끼는 게 최고 좋습니다. 다만 우연히 지나가는 사람의 재킷에 용 모양이 그려져 있다면 이것도 행운이겠지요? 어떤 집 바닥이나 벽에는 용처럼 보이는 무늬가 보이기도 하는데, 이런 집은 운이 매우 좋습니다.

참고로 이름에 용(龍)자가 들어있는 사람은 운수가 사납거나, 나쁜 운을 가지고 있는 사람이 많습니다. 이 세상에 생물로 존재하지 않는 용의 이름을 항상 짊어지고 있으므로 세상

Chapter 3
영적인 세계를 잠시 들여다보다

과 동떨어진 삶을 살게 되지요. 그래서 아이의 이름에 '용'자를 붙이는 것은 생각해 볼 일입니다. 좋은 의미에서건 나쁜 의미에서건 운수가 너무 강할지도 모릅니다.

평소에 용을 찾는 습관은 매우 중요합니다. 용과 자연스럽게 만나면 반드시 기쁜 일이 생깁니다. 그러니 언제 어디서나 용을 느끼는 습관을 들여 보세요.

만약 용 장식품을 놓고 싶다면 항상 자신이 있는 곳을 기준으로 동쪽에 둬야 합니다. 동쪽은 '청룡'이 수호하기 때문에 용이 살기 좋은 방향입니다. 또한, 용이 편안하게 살 수 있도록 다른 물건은 되도록 두지 않아야 합니다. 거실 등 눈에 잘 띄는 곳에 두면 용을 이미지화하기 쉬워져 우연히 용을 찾는 일이 더 수월해집니다.

덧붙여서 부엉이 장식물을 현관에 두면 앞을 내다볼 수 있는 혜안을 갖게 됩니다. 현관에 놓을 수 없다면 그 집의 중심부를 기준으로 남쪽에 두세요.

파워 스톤이란 무엇일까?

파워 스톤Power Stone이란 신비한 힘을 갖고 있어 몸에 지니면 운을 불러오는 돌을 말합니다.

원래 파워 스톤은 땅속의 광석이나 우주에 있던 운석입니다. 하늘에서 쏟아지는 운의 기운이나 땅에서 흡수한 에너지를 담고 있다고 생각하면 됩니다. 하늘에서 쏟아져 내리는 운기는 특별한 에너지이므로 이 돌을 가지고 있으면 현재와는 다른 '변화'를 일으키게 됩니다.

그리고 돌의 효험은 딱 한 번뿐입니다. 그 효험이 한 번 발휘되면 더는 쓸 수 없습니다. 제 역할을 다한 셈이기 때문에 변화가 생기면 다시는 사용하지 않는 것이 좋습니다. 혹은 돌이 깨지면서 액땜이 되기도 합니다. 물론 단단할 것일수록 효과가 좋겠지요?

더 큰 효험을 보고 싶다면 왼손에 지니고 있다가 이때다 싶은 순간 오른손으로 옮기세요. 기는 왼손으로 들어와 오른

Chapter 3
영적인 세계를 잠시 들여다보다

손으로 나간다는 관념이 있어서 보통은 왼손에 기를 모아둡니다. 더불어 기는 손으로 들어오기 때문에 목걸이나 귀걸이보다는 팔찌를 차면 더 큰 힘을 얻게 됩니다. 참고로 운이 좋아지면 파워 스톤의 존재는 잊으세요. 운이 좋을 때는 그래야 좋습니다.

✡ 파워 스톤의 효과 ✡

침수정	금전운
호안석	업무운
로도크로사이트 (잉카 로즈)	결혼운
문스톤	인간관계운, 감정 조절
장미 수정	연애운
아쿠아마린	인연, 유대
페리도트	자신감
홍옥수	의지, 행동력, 활력

※ 파워 스톤은 산지에 따라 명칭이 다를 수 있습니다.

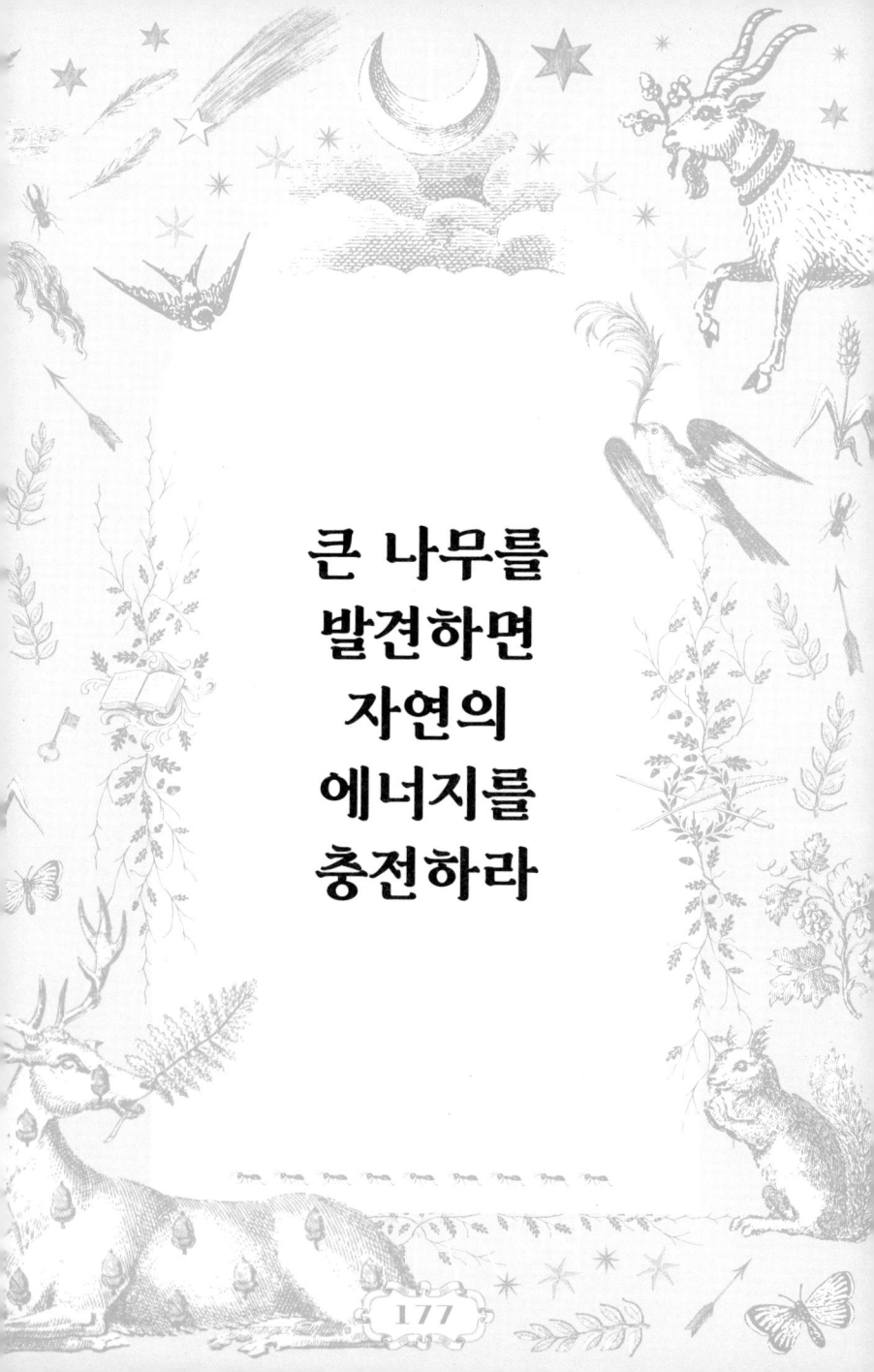

큰 나무를
발견하면
자연의
에너지를
충전하라

영적인 세계를 잠시 들여다보다

에너지가 넘치는 숲이나 절에 가면 큰 나무나 '신목(神木)'이 있습니다. 생명력이 느껴지는 나무를 발견하면 꼭 에너지를 충전해 보세요.

우선 기억해야 할 점은 그 나무를 직접 만져서는 안 된다는 것입니다. 나무에서 5센티미터쯤 사이를 두고 떨어집니다. 나무의 파동과 자신의 파동이 눈에 보이지 않는 공간에서 교차하는 이미지를 그려보세요. 기는 이렇게 교류합니다.

만지면 물체와 물체가 직접 닿아 감각이 무뎌집니다. 섬세한 에너지의 기운을 받기 어렵습니다.

자연이나 생물의 에너지를 받으면 운이 높아집니다. 사람들과 있을 때도 마찬가지입니다. 만지지 않았는데 괜히 간지럽고 묘한 기류가 흐를 때가 있지요? **사람뿐만이 아니라 다른 생물에도 어떤 기운을 느끼면 그것만으로도 운이 좋아집니다.**

소원을 빌 때는
자세히 말하지 않는다

파워 스폿에 가면 신에게 어떤 소원을 비나요?

사실 소원은 자세히 말하지 않는 것이 좋습니다. 소원이 지나치게 무거우면 신이 부담감을 느껴 뒤로 미뤄버릴 수도 있기 때문입니다. 이는 사람도 마찬가지입니다. 큰일은 뒤로 미루기 쉽지요.

그러니 '기분 좋은 일이 생겼으면 좋겠다!' 하는 정도로만 가볍게 소원을 빌어보세요. '일할 수 있게 해 주세요!', '좋은 사람이 생기면 좋겠어요!' 하고 가벼운 마음으로 기도하면 소원이 빨리 이뤄지게 됩니다.

특히 조심해야 할 것은 개인의 이름이나 고유명사를 대지 않는 것입니다. 구체적으로 말하면 말할수록 소원이 무거워집니다. 그냥 놔두면 잘될 일이 괜히 어그러질 수도 있습니다.

영적인 세계를 잠시 들여다보다

부적의 처분은 자유이다

누군가로부터 받은 부적을 처분하려고 할 때 망설이는 분이 많으시지요?

이것도 떠도는 규칙에 너무 얽매이지 않았으면 합니다. 일 년 뒤에 다시 절에 돌려줘야 한다든가, 다른 부적과 같이 두면 안 된다든가, 불에 태워야 한다든가…….

저는 쭉 가지고 있어서 지금도 쌓여가고 있습니다. 어쩌면 누군가는 아무렇지 않게 쓰레기통에 버릴지도 모릅니다.

이때 중요한 건 죄책감을 느끼지 않는 것입니다. 찜찜한 사람은 가까운 절에 돌려주세요. 어디서나 받아줍니다.

소리를 내면 운이 들어온다

Chapter 3
영적인 세계를 잠시 들여다보다

 새전(신령이나 부처 앞에 바치는 돈)은 반드시 동전으로 해야 합니다. 이때 '짤랑' 하고 소리를 내는 것이 중요합니다. 방울이나 종도 꼭 울려주세요.

 소리는 부정을 없애고 악귀를 쫓습니다. 이를테면 풍경도 마찬가지지요. **바람으로 소리를 일으켜 나쁜 기운을 몰아냅니다.** 그래서 바람을 통해 자연스레 소리가 나도록 현관 같은 곳에 풍경을 달아두는 것도 좋습니다.

 덧붙여서 새전을 얼마나 할지는 자기 마음입니다. 다만, '좀 많이 넣었나?' 싶은 정도로 하세요. 수중에 돈이 없을 땐 비록 천 원이라도 충분하지만, 보너스가 생겼다면 이야기가 달라지겠죠? 당신의 처지에 따라 인색하게 굴지만 않으면 신이 그 마음에 감동하여 보살펴줍니다.

 참고로 너무 유명한 절은 운의 기운을 받기 어렵습니다. 관광화되었거나 업무 때문에 방문한 절도 마찬가지입니다. 또한, 인적이 없어 적막감이 감도는 절도 운기를 받기 어려우므로, 사람이 적당히 있는 곳이 최고 좋습니다. 참고로 1월 1일에 절을 방문하는 것도 너무 혼잡해서 효험이 떨어집니다. 새해 첫날은 피하고 2월 4일 안에 가는 것을 추천합니다.

영험한 곳에 기분 좋은 바람이 불어오면 길조다

파워 스폿이나 절에 방문했을 때 기분 좋은 바람이 불어오면 이는 당신에게 길운이 들 거라는 징조입니다. 특히 막 발을 내디딘 순간 바람이 분다면 하늘이 '바로 자네야!' 하고 당신을 축복한다는 의미입니다.

비가 내리는 것도 하늘에서 내리는 은총으로 대단히 좋은 징조입니다. 또한, 자신이 방문한 뒤에 사람이 모여든다면 운이 좋아졌다는 신호입니다. 만약 아무도 없는 장소에 발을 들인 순간 바람이 불고, 기도한 뒤 사람이 몰려든다면 '최고의 축복'을 받았다는 뜻입니다. 반드시 운이 좋아질 테니 기대하셔도 좋습니다.

파워 스폿에 자판기가 있다면, 꼭 음료를 뽑아 마셔보세요. 장소에 있는 기가 몸속에 흡수됩니다. 거기서 마실 수 없다면 가지고 돌아가는 것도 좋습니다.

액년은 무의미하다

액년(厄年, 운수가 사나운 해로 남성은 우리 나이로 25세, 42세, 61세이고 여성은 19세, 33세, 37세가 액년에 해당한다)**을 믿나요? 그런데 사실 액년의 근거는 어디에도 없습니다.** 액막이는 옛날 **영감 상법**(靈感商法, 손금을 봐준다는 식으로 접근하여 보이지 않는 신, 조상의 과보 등을 언급하면서 도장이나 염주 등 특정 상품을 터무니없는 값에 파는 상술) 중 하나입니다. 그것이 뿌리내려 현재까지도 이어지고 있을 뿐입니다.

'○○을 사지 않으면 재수 없는 일이 생긴다'라는 식의 말을 특히 경계하세요. 운을 좋게 만드는 것은 오직 자신의 의지밖에 없습니다. 주체적으로 하는 행동만이 운을 좋게 합니다. 또한, 운은 그 사람의 행동거지에 따라 변하기 때문에 나이로 뭉뚱그릴 수 없습니다.

액년은 여러 가지로 고비가 많을 수밖에 없는 나이대입니다. 액년이라는 것이 진짜 있다고 해도 그 나이에 해당하는 모든 사람에게 불행이 닥치는 건 아닙니다.

하지만 찜찜한 마음이 들면 액막이를 해도 나쁠 건 없습니다. 다만, 비싼 돈을 들이거나 시간을 낭비해서는 안 됩니다.

Chapter 3
영적인 세계를 잠시 들여다보다

액막이할지 안 할지는 자신의 선택입니다. 저는 액년에 액막이하러 간 적이 단 한 번도 없습니다. 나만 신경 쓰지 않고 잘 지내면 그만입니다. 중요한 판단을 남에게 맡겨서는 안 되겠지요?

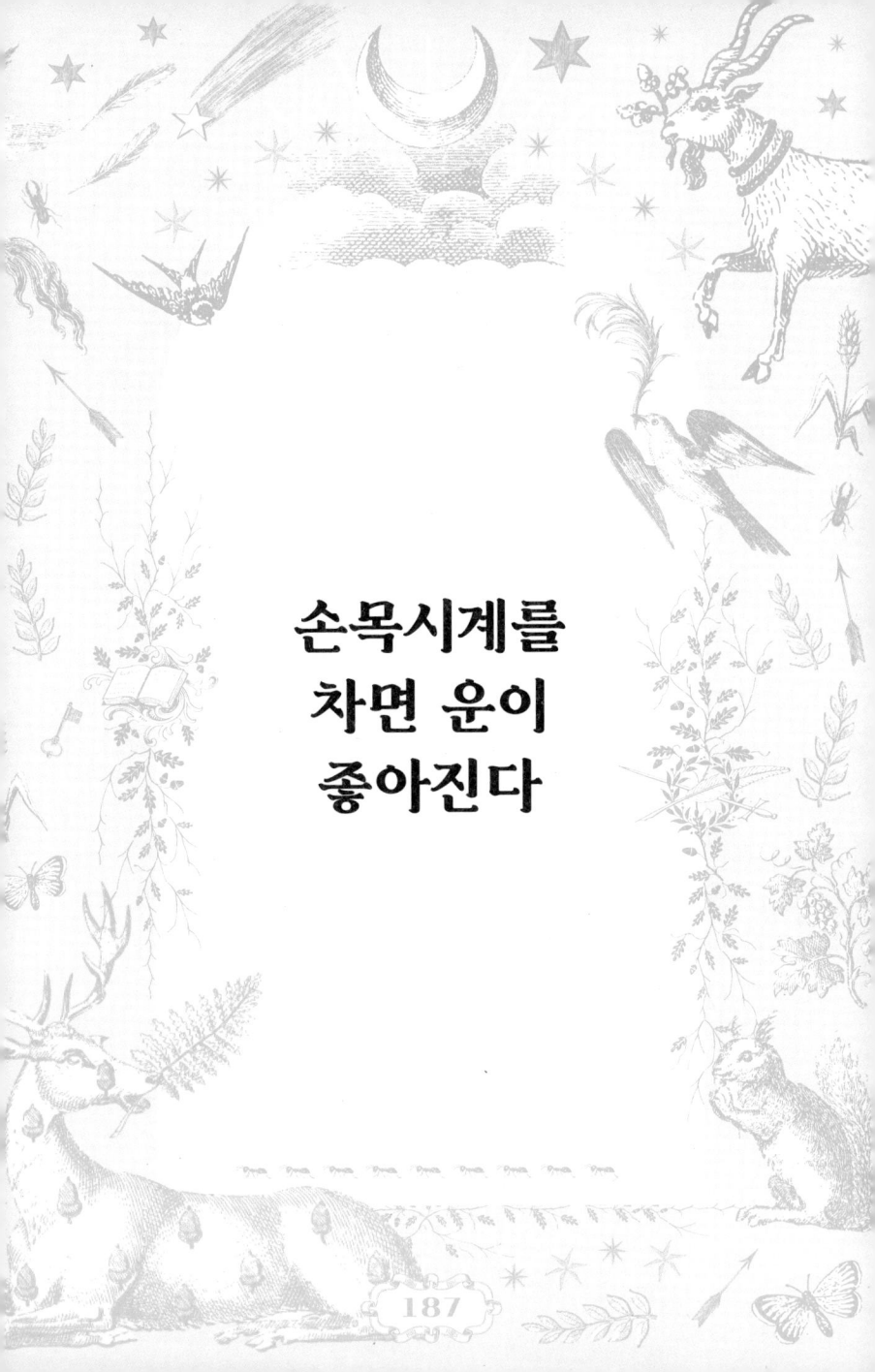

손목시계를 차면 운이 좋아진다

Chapter 3
영적인 세계를 잠시 들여다보다

 '손목시계'는 행운을 불러오는 아이템입니다. 초침이 있는 손목시계를 차면 팔에 작은 우주가 있는 것과 다름없습니다. 성공한 사람들을 보면 대부분 비싼 손목시계를 가지고 있습니다.

 '운'을 좋게 만들려면 우선 변화를 일으켜야 한다고 밝혔습니다. 태양은 동쪽에서 떠올라 원을 그리며 서쪽으로 집니다. 시계도 이와 같은 원리로 움직이지요. 그래서 손목시계를 차는 것은 우주의 법칙을 몸에 장착하는 것과 다를 바 없습니다.

 손목시계는 '되도록 비싼 것'을 '직접' 사는 것이 좋습니다. 그렇게 되면 값비싼 우주를 몸에 지니게 됩니다. 고가의 물건을 사는 건 꽤 부담스럽습니다. 하지만 그 마이너스는 곧 플러스가 되어 돌아옵니다. 마이너스가 생기면 플러스가 될 일만 남았다는 것도 운의 법칙입니다. 그러니 일이 안 풀릴 때는 손목시계를 사서 차보세요.

 특히 쿼츠 시계는 수정quartz을 진동자로 삼아 움직입니다. 그래서 사람이 발산하는 진동과 공명하여 우주와 더욱 가까워지게 됩니다.

우주가 자신의 팔에 있는 것을 느끼며, 하늘의 움직임을 내 쪽으로 끌어당겨 행운을 잡아보세요. 손목시계는 금전운도 높입니다. 이런 말도 있지요? 시간은 돈이다.

영적인 세계를 잠시 들여다보다

자신과 인연이 있는 지역을 찾아라

 자신과 인연이 있는 지역은 따로 있습니다. 취직도 그곳에서 할 가능성이 큽니다. 이는 당신이 그 지역의 사랑을 받고 있다는 뜻입니다.

 그렇다면 어떻게 해야 원하는 회사가 있는 지역과 연을 맺을 수 있을까요? 그 주변의 음식점에서 밥을 먹을 것을 가장 추천합니다. 그러면 장소의 '기'가 당신에게 맞춰져 서로 기운이 같아지게 되면서 그 땅이 당신을 부릅니다.

 그 지역의 파워 스폿에 기도하러 가거나 자판기에서 음료를 뽑아 마시는 것도 같은 효과가 있습니다.

 일하고 싶은 회사가 있다면 그곳에서 일하는 사람들과 같은 '기운'을 지녀야 합니다. 그러면 현재 함께 일하고 있는 직장 사람들과 기운이 달라지기 때문에 자연스럽게 인생이 흐름이 바뀝니다. 이것이 '그 지역의 사랑을 받는다'라는 증거입니다.

그 지역의 참사랑을 받으려면 시간과 수고를 들여야 합니다. 반년 정도 수시로 오가면 분명 효험을 볼 수 있습니다. 시간이 없는 사람이라도 포기하지 않고 부지런히 가보세요. 일단 그곳의 공기를 마시는 것만으로도 효과가 있습니다.

그 밖에도 그 지역에 사는 사람들과 어울리면 자연스럽게 '기'를 교류하게 됩니다. 그곳에 사는 사람들에게도 그 지역이 가진 고유의 기질이 있기 때문이죠.

'여기는 공격적인 사람이 많네?'라든지 '이 지역 사람들은 밝아'라든지, 자신이 느끼는 분위기가 있다면, 자신을 그런 분위기와 비슷하게 만드는 방법도 좋습니다.

영적인 세계를 잠시 들여다보다

되도록 멀리 떠나라

늘 똑같은 행동만 반복한다면 아무 일도 일어나지 않습니다. 변화 없는 일상은 운을 따르지 않게 만드는 최대 적입니다. 평소와 다르게 움직이지 않으면 인생은 바뀌지 않습니다.

매일같이 그저 그런 생활을 하면 늘 그저 그런 일들만 일어나게 마련입니다. 평소와는 다른 생활을 해 보세요.

왠지 기회를 많이 얻는 것 같은 사람이 있지 않나요? 그런 사람은 늘 새로운 일을 찾아서 합니다.

우선 평소에는 가지 않던 장소에 가보세요. 어디라도 좋습니다. 쉬는 날만이라도 좋으니 일단 밖으로 나가세요.

드라이브도 좋고 기차를 타는 것도 좋습니다. 평소에는 타지 않는 놀이기구를 타는 것도 추천합니다. 굳이 뭘 하라는 게 아니라 단지 평소와 다른 곳을 향해 움직이라는 겁니다. 기회를 많이 얻는 사람은 새로운 장소에 자주 갑니다.

새로운 곳에 가고 평소와 다른 생활을 하면 기회를 얻기 쉬워집니다. 자주 기회를 얻는 사람들은 갑작스레 새로운 일이 생겨도 기꺼이 즐깁니다.

여행도 추천합니다.

여행 횟수가 많으면 많을수록, 멀리 가면 갈수록 운이 좋아집니다.

운이 좋은 사람들이나 성공한 사람들은 여행을 자주 다닙니다.

덧붙이면 파워 스폿에 가는 것과 마찬가지로, 여행도 자기 돈으로 가야 합니다. 무슨 일이든 스스로 값을 치르지 않으면 손에 넣을 수 없습니다.

영적인 세계를 잠시 들여다보다

여행지에서 운을 높이는 법

 여행지에서 종이를 한 장 찢어보세요. 아무 종이나 상관없으니 여행지에 가져가서 찢어버리세요.
 '파격'이라는 말도 있듯이, 무언가를 파괴하는 행위는 내 안의 틀을 깰 수 있는 계기가 됩니다. 이런 변화는 운의 움직임도 바꿉니다.

 종이를 찢는 최고의 타이밍은 여행지에 막 도착했을 때입니다. 공항에서 나와 대지의 기운을 빨아들인 순간이지요. 숙소에 도착하고 나서 해도 좋습니다. 평소의 나에게서 벗어났다고 실감한 바로 그 순간에 하는 것이 관건입니다.
 참고로 종이는 집에서 준비해 가세요. 평소에 자기가 가지고 있는 것을 파괴하는 것이 좋기 때문입니다.

오후 3시에 회의를 하라

오늘 오후 3시에 무엇을 했나요? 점심을 먹고 나서 졸음이 막 밀려오는 때이지만, 이 시간만큼 운명을 바꾸기 좋은 시간대도 없습니다.

오후 3시부터 5시까지는 하루 중에서도 운을 가장 많이 끌어당기는 럭키 타이밍입니다.

이 시간대에서 두 시간 전인 오후 1시부터 3시까지를 미시(未時)라고 합니다. 미(未)에는 '아직 갖추어지지 않았다'라는 의미가 있어서 이때는 뭘 해도 잘 안 풀립니다. 해야 할 일을 깜빡하거나 실수 등을 저지르기 쉽고 기분도 가라앉습니다. 하지만 **이때 시행착오를 거치면 운을 모아둘 수 있습니다.** 그리고 미시에서 두 시간 후인 오후 3시부터 5시까지를 신시(申時)라고 하는데, 신(申)이라는 한자에 '示(보일 시)'를 추가하면 '神(신)'이 됩니다. **이 시간은 신이 머무는 때라서 영감이 잘 떠오르며 직감이 좋아집니다.** 신의 메시지를 받기도 쉬운

Chapter 3
영적인 세계를 잠시 들여다보다

시간대라 신의 계시 같은 것을 받게 될지도 모릅니다. 새로운 무언가를 받아들이기에는 더없이 좋은 때입니다.

가능하다면 이 시간에 새로운 일을 해 보세요. 중요한 회의나 약속도 이 시간에 잡는 것이 좋습니다.

그리고 시간에 상관없이 자주 환기를 시키세요. 기는 바람을 타고 옵니다. 이왕이면 오후 3시부터 5시에 환기하는 것이 좋겠지만, 아무 때나 환기를 시켜도 운이 들어옵니다. 환기가 끝난 후에는 문 닫는 거 잊지 마시고요.

덧붙이면 파워 스폿에 가는 것도 이 시간대에 가는 것을 추천합니다. 가장 좋은 방법은 미시에서 신시로 넘어가는 때까지 계속 머무르는 것입니다. 즉 오후 2시 45분부터 3시 30분까지는 그곳에 있어야 합니다. 아직 해결되지 않은 문제들이 원활하게 풀릴 것입니다.

오후 3시 즈음은 졸음이 쏟아질 때입니다만, 행운의 시간대에 낮잠을 자버린다면 너무 아깝겠지요. 하지만 깜빡 잠이 든다 해도 꿈에서 메시지를 받는 일도 있습니다. 여러 가지

가능성이 열리기 좋은 때이므로, 꼭 이 시간을 기억했다 잘 활용해주세요.

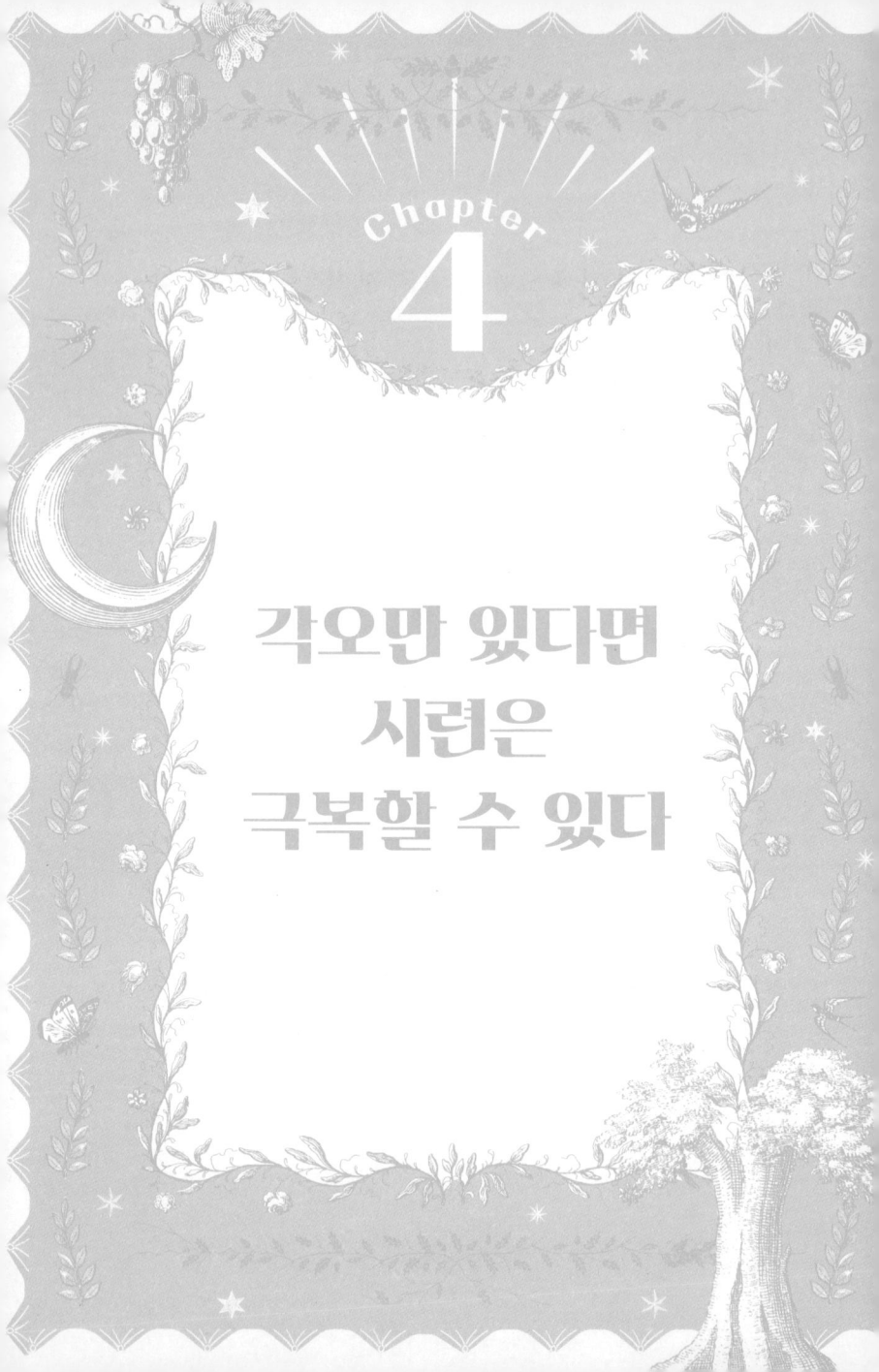

Chapter 4

각오만 있다면 시련은 극복할 수 있다

같은 편을 만들어라

인생을 잘 살아가기 위해서는 아무래도 같은 편이 필요합니다. 일이 잘 풀리는 사람과 그렇지 않은 사람과의 차이는 자신을 응원해 주는 사람이 얼마나 있느냐에 있습니다. 직장에서도 사람들에 의해 자신의 평판이 결정됩니다.

적대감을 마구 드러내며 자신을 돋보이게 하려는 사람도 있겠지요. 또는 혼자서만 모든 일을 떠안으며 자신의 능력을 높이거나 특별함을 만들어내는 사람도 있을 테고요. 하지만 너무 지나치면 사람들에게 이해받지 못하는 부분이 생기기 마련입니다.

도와주는 사람이 없으면 시작조차 할 수 없는 일들이 있습니다. 대형 프로젝트를 맡을 수도 없고 객관성도 판단하기 어렵습니다.

같은 편이란 사실 이익으로 연결된 관계입니다. 친구나 마음이 잘 맞는 사람과는 조금 다르지요.

Chapter 4

각오만 있다면
시련은 극복할 수 있다

이익으로 똘똘 뭉친 관계라 아주 끈끈합니다.

그러니 꼭 같은 편을 늘려보세요. 이들은 동료라고도 바꿔 말할 수 있습니다. 같은 편이 어디에 있는지 눈을 크게 뜨고 잘 찾아보시길 바랍니다.

마음에 안 드는 사람이 있다면 우선 그의 적이 누군지 알아보세요. 적의 적은 곧 같은 편이니까요. 그의 적을 찾아내 친해지세요.

같은 편을 늘리려면 정성을 들여야 합니다. 가장 좋은 방법은 상대방에게 무엇을 해 주면 좋아하고 고마워할지 잘 관찰했다가 그대로 해 주는 것입니다. 상대방에게 진정성 있게 다가가 보세요. 같은 편은 그렇게 만들어집니다.

또 상대방에게 좋은 성과들을 보여주며 내 쪽으로 끌어당기는 방법도 있습니다. 그러기 위해서는 자신의 필살기가 뭔지 궁리할 필요가 있습니다.

이왕이면 권력이 있는 사람, 실적이 좋은 사람을 같은 편으로 만들면 좋겠지요. 결혼하고 싶다면 비슷한 처지의 친구보다는, 친구의 배우자 주변에 멋진 사람이 많은 친구를 내 편으로 삼는 것이 좋습니다. 오지랖이 넓은 사람을 내 편으로 끌어당기는 것도 좋겠지요?

새것을 사면 운이 강해진다

흔히 물건이 망가지거나 깨지면 '불길하다'고들 생각합니다. 하지만 이는 곧 크나큰 변화가 있을 거라는 신호입니다. 그러니 나쁘게 여길 일이 아닙니다.

보통은 물건이 망가져야 새로 사겠지만, 운기를 더욱 높이려면 아직 쓸 만해도 물건을 바꾸는 것이 좋습니다. 망가지기 전에 바꿔버리는 것이지요. 이렇게 하면 운이 들어옵니다. 예를 들어 아직 사용할 수 있는 컴퓨터도 3년 정도 썼으면 바꿔보세요. 비용 때문에 마음은 좀 쓰라릴지 몰라도, 운은 확실히 움직입니다.

조금 무리해서라도 새것으로 교체하는 쪽이 운을 높입니다. 아이폰의 새 기종이 출시될 때마다 바꾸는 사람은 인생이 쉽사리 매너리즘에 빠지지 않습니다.

새로운 것을 받아들일 줄 아는 사람은 점점 좋은 방향으로 흘러갑니다. 가전을 비롯해 신제품을 좋아하는 사람 중에는 운이 좋은 사람이 많습니다. **새로운 지식이나 정보를 아는 것도 운을 충만하게 만듭니다.**

옷도 마찬가지입니다. 아직 마음에 들고 더 입을 수 있더

Chapter 4
각오만 있다면 시련은 극복할 수 있다

라도 새 옷을 사보세요. 점점 변화의 흐름을 타게 됩니다. 돈이 좀 들긴 해도, 운이 좋은 사람일수록 이런 유형의 사람이 많습니다. 물론 불필요한 것을 버리는 것도 운을 좋게 합니다. 이제는 필요치 않은 물건은 가볍게 훌훌 버려 버리세요.

싫어하는 사람과 멀어지는 부적을 만드는 방법

Chapter 4
각오만 있다면 시련은 극복할 수 있다

 혹시 주변에 생각만 해도 진저리가 처질 만큼 싫은 사람이 있나요? 그것도 직장 사람이나 이웃, 친척인 탓에 도망치고 싶어도 도망칠 수 없다면 괴롭기 그지없겠지요.

 그럴 때 당신을 지켜주는 부적 만드는 법에 대해서 알려드리겠습니다.

 먼저 종이와 검정 펜을 준비한 다음 상대방의 이름을 적습니다. 그러고 나서 '정말 위험한 사람이다', '가까이하면 안 된다', '이용당하고 있다' 등등, 상대방을 어떻게 생각하는지부터 시작하여 그 사람과 관계된 것들을 적으세요. 감정을 그대로 드러내도 좋습니다. 분노, 걱정, 원한 등을 종이에 써 내려가세요. **조금이라도 주저하면 의미가 없습니다.** 어두운 감정이므로 쓸 때는 꼭 검정 펜을 사용하세요.

 다 썼으면 '이 사람과 엮이면 좋을 게 하나도 없다. 반드시 관계를 끊겠다' 하고 다짐하며 앞으로 어떻게 해나갈 건지 씁니다. 감정으로 시작해서 논리로 끝맺는 거지요. 그렇게 하면 효과가 배로 커집니다. 이것으로 해결책까지 실린 나만의 부적이 완성되었습니다.

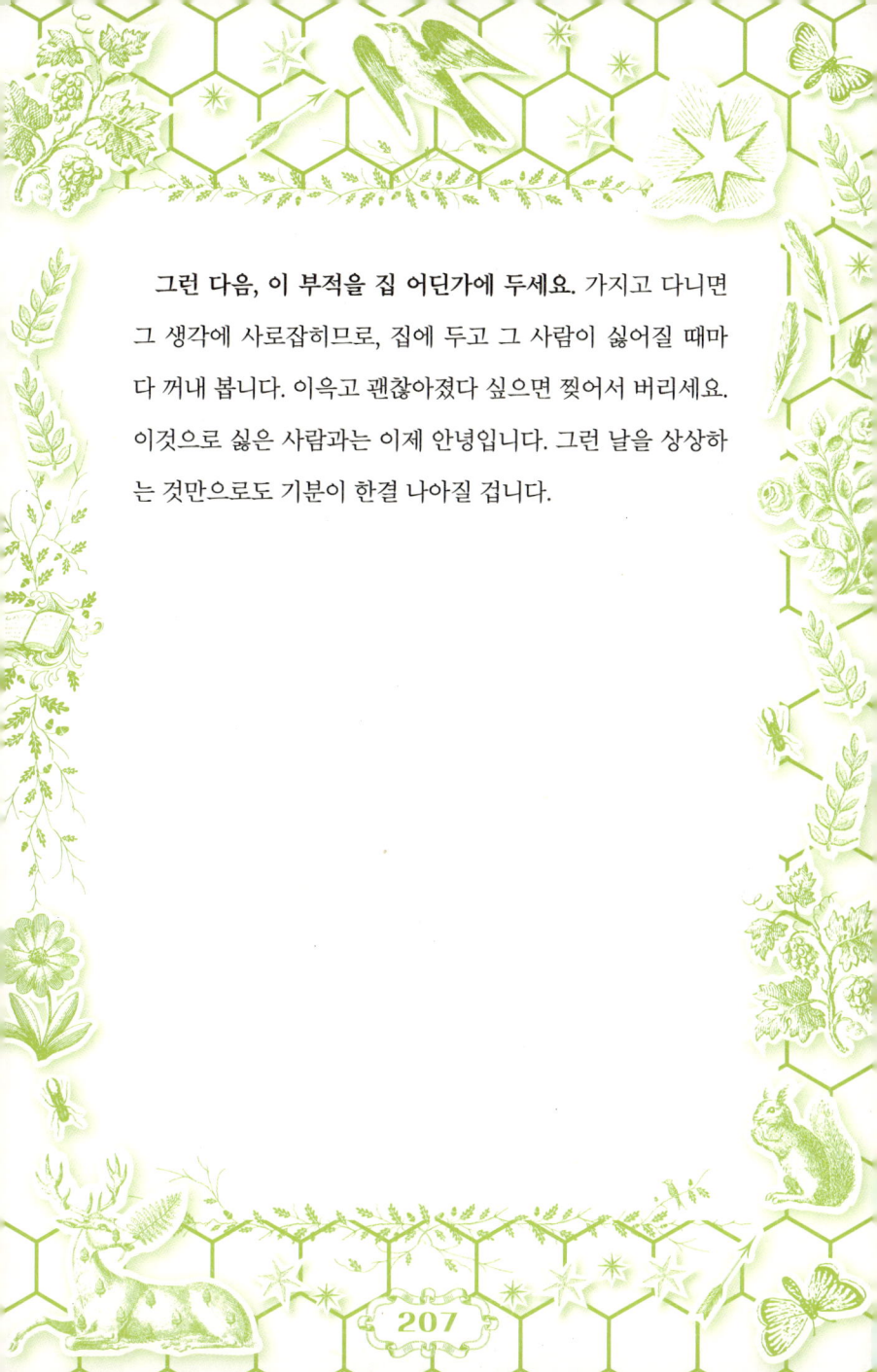

그런 다음, 이 부적을 집 어딘가에 두세요. 가지고 다니면 그 생각에 사로잡히므로, 집에 두고 그 사람이 싫어질 때마다 꺼내 봅니다. 이윽고 괜찮아졌다 싶으면 찢어서 버리세요. 이것으로 싫은 사람과는 이제 안녕입니다. 그런 날을 상상하는 것만으로도 기분이 한결 나아질 겁니다.

Chapter 4
각오만 있다면 시련은 극복할 수 있다

감귤 향을 써라

사실 '장미향'을 쓸 때는 조심해야 합니다. 장미향은 여성의 매력을 끌어올리는 향입니다. 여성의 향수나 화장품에 주로 쓰이는 향이죠.

그래서 장미 하면 무의식적으로 여성적인 이미지를 떠올리게 됩니다. 향기는 무의식적으로 작용합니다. 직장에서 여성성을 강조할 필요는 없겠지요.

그렇다면 무슨 향이 좋을까요? 감귤류의 향을 쓰면 운이 좋아집니다. 감귤류는 나무에서 열매가 열리지요. 열매가 열린다는 말은 곧 운을 받는다는 말과 연결됩니다.

감귤류에도 여러 가지가 있습니다만, 레몬보다는 오렌지가 좋습니다.

오렌지에는 빨간색과 노란색이 섞여 있습니다. 빨간색은 표현력을 나타내고 노란색은 팬들이 생겨나거나 주변으로부터 호평을 받게 되는 색입니다. 즉 인기 운을 높이고, 부드러운 인상을 주게 되지요. 오렌지를 먹는 것 또한 운의 기운을 높입니다.

빨간색과 노란색은 각각의 색만으로도 한눈에 띄지만, 두 색이 섞인 오렌지색은 행운을 가져다줍니다.

개성이 너무 강하면 오히려 운에는 악영향을 미칠 수 있습니다. 여러 사람을 만나면 그만큼 운이 좋아지므로 늘 사람들과 조화롭게 지내보세요. 너무 튀는 사람은 개성을 억제할 줄도 알아야 합니다. 또 사람은 무의식의 세계에서 향으로 사람을 고릅니다. 그렇게 따진다면야 평소 무난한 것이 가장 좋겠습니다만, 운을 높이기 위해서는 상황에 맞게끔 향에 신경 써야 하는 부분도 있습니다. 물론 여성성을 부각하고 싶을 때는 장미향도 좋습니다. 다음은 상황별로 쓸 수 있는 행운의 향기입니다.

Chapter 4
각오만 있다면 시련은 극복할 수 있다

말리부	성적 매력이 높아진다
우디	사람들과 조화롭게 어울린다
플로럴	자기주장이 강해 보일 수 있지만, 내성적인 사람에게는 효과가 있다
마린&샤봉	해외운이 생긴다
라벤더	재물운이 좋아진다

뒷정리를 잘하는 사람

Chapter 4
각오만 있다면
시련은 극복할 수 있다

운을 좋게 하려면 '왔을 때보다 돌아갈 때 더 깨끗이 정리하는 것'이 중요합니다. 여기엔 두 가지 이유가 있습니다.

하나는 자신의 기를 남기고 돌아가면 당신의 운이 사라지기 때문입니다. 당신이 그곳에 있었던 흔적을 지운다는 의미에서 뒷정리를 말끔하게 하고 돌아가세요. 어딘가에서 즐거웠다면 그만큼 운이 좋았다는 뜻이겠지요. 그러므로 그대로 돌아간다면 운을 두고 돌아가는 셈이 됩니다. 즐거웠던 시간이 끝났다는 경계선을 긋는 의미로 말끔히 치우고 돌아가세요. 그럼 당신의 운이 사라지는 것을 막을 수 있습니다. 소중한 운을 깜빡 잊고 돌아가지 않도록 조심 또 조심하세요. 그 장소에서 슬픈 일이 있었어도 불운을 남겨놓고 돌아가면 안 됩니다. 그곳을 사용하게 될 다음 사람 혹은 남겨진 사람에게 영향을 주기 때문이지요. 이렇게 되면 **훗날 자신에게 불운의 화살이 되어 돌아오기 때문에, 운을 확실히 가지고 돌아가는 습관을 몸에 익혀야 합니다.**

또 다른 이유는 겸손한 자세가 모든 운의 원천이기 때문입니다. 왔을 때보다 돌아갈 때 더 깨끗이 정리하면 겸손한 마음을 유지할 수 있습니다. 이것이 운을 높이는 비결입니다.

팔자주름이 유독 눈에 띈다면

관상학에서 볼은 사회성을 나타냅니다. 호빵맨의 얼굴을 한번 떠올려 볼까요? 볼이 빵빵하고 반짝반짝 빛이 나지요.

볼살이 통통한 사람일수록 주목을 받고 인기를 얻습니다. 사회에서 자신을 잘 표현하지 못하고 인간관계 때문에 고민이 많은 사람은 볼을 위로 올려 주면 자신감 있게 행동할 수 있습니다.

블러셔를 좀 더 높은 위치에 칠하거나 윤기가 흐르는 크림 블러셔로 바꾸는 것도 좋습니다. 즉시 효과가 나타날 겁니다.

또한, 팔자주름이 유독 눈에 띈다고 느껴지면 운이 정체되어 있을 가능성이 있습니다. **인간관계가 좁고 유대가 깊지 않다고 느낄 때는 팔자주름이 더욱 도드라져 보이기도 합니다.** 이는 곧 사회적으로 만족하고 있지 않다는 증거이지요. 이럴 땐 밖으로 나가서 새로운 유대관계를 맺어보세요. 새로운 운으로 이어지게 될 것입니다.

일 때문에 골머리를 앓고 있을 수도 있습니다. 거울을 봤을 때, 평소보다 유난히 팔자주름이 짙다면 현재 자신이 원하는 대로 살지 못하고 있다는 뜻입니다. 마음을 어떻게 먹

Chapter 4
각오만 있다면
시련은 극복할 수 있다

느냐에 따라 팔자주름이 옅어질 수 있습니다. 한 번씩 거울을 들여다보며 자신의 팔자주름이 어떤지 확인해 보세요.

시간의 신을
내 편으로
만들어라

Chapter 4
각오만 있다면 시련은 극복할 수 있다

 스포츠는 적당히 즐기면서 해야 합니다. 헬스나 러닝, 골프 등 건강이나 만남을 목적으로 가볍게 하는 건 좋지만, 선수들만큼 과하게 하면 운에 영향을 미칩니다. 열심히 해서 조금 잘한다 싶은 정도까지는 괜찮지만, 본래의 목적을 잊어서는 안 됩니다.

 승부욕에 불타면 에너지가 소진되어 자신도 모르는 사이에 일이나 연애에 문제를 초래하게 됩니다.

 인생은 짧습니다. 정말 중요한 일에만 시간과 체력을 써야 합니다. 시간의 신은 에너지가 있는 사람을 좋게 봅니다. 에너지를 허튼 곳에 사용해서는 절대 안 됩니다.

 마찬가지로 충실히 생활하고 있는데도 일이 잘 안 풀린다면 엉뚱한 곳에서 에너지를 낭비하고 있을 확률이 높습니다.

 골치 아픈 인간관계는 요령껏 피하는 등 쓸데없는 싸움에 휘말리지 않아야 합니다. 당신이 에너지를 쏟아야 할 곳이 어디인지 다시 한번 잘 생각해야 할 때입니다. 주위 사람들에게 의지하거나 맡기는 방법도 싸움을 피하는 요령입니다. 무슨 수를 써서든 에너지를 낭비해서는 안 됩니다.

뭔가를 이루기 위해 혼자서 아등바등하기에는 시간이 턱없이 모자랍니다. 세상에는 능력과 재능을 겸비한 사람이 정말 많습니다. 그 사람들과 힘을 합쳐 자신이 진짜 싸워야 할 일에 쓸 수 있는 에너지를 비축하세요.

일을 잘 해결할 것 같은 사람에게 통째로 맡기는 것도 좋은 방법입니다. 그러면 덕도 쌓고 자신에게도 유리합니다. 그만큼 다른 곳에 에너지를 사용할 수 있으므로 시간의 신도 내 편이 되어줍니다. 이런 게 바로 일석삼조라고 할 수 있겠지요.

과거에서
벗어나라

과거에 매여 있으면 운은 찾아오지 않습니다. 과거의 사물이나 사람은 에너지를 다했기 때문에 과거의 것이 됩니다. '거기서 운은 끝났다'라고 신은 말합니다. 얼른 다음 운을 손에 넣지 않으면, 그 이후로는 끝나버린 운 속에서 머무르게 됩니다. '옛날엔 참 좋았지'라는 말을 꺼내는 순간 미래란 없습니다. **그런 말을 하는 사람과 가까이하면 그것만으로도 십중팔구 불행해지므로 슬그머니 거리를 두세요.**

몇 번이나 우승한 사람은 과거의 트로피 따위에 더는 흥미가 없습니다. 오로지 다음 경기만 생각하기 때문이지요. 그리고 역시나 그런 사람이 계속해서 승리를 거머쥡니다. 꼭 트로피가 아니더라도 잘 나가던 과거를 상징할 만할 물건은 소중히 장식하지 마세요.

못 입게 된 옷도 가차 없이 버리세요. 버려야만 새 옷을 살 수 있는 에너지가 생깁니다. 옛 연인의 사진이나 선물 등도 과감히 버려야 새로운 사랑을 만날 수 있습니다. 연애를 잘하는 사람들은 척척 잘 버립니다.

과거는 과거일 뿐. 아무리 반짝이는 과거라도 이제 운은 떠나고 없습니다. 신은 정확하고 엄격합니다.

친구가
바뀌는 것은
좋은 징조다

어울리던 친구가 바뀐다는 건 행운이 올 거라는 징조입니다. 친구와 멀어진다는 건 사실 한 단계 발전한다는 신호이자, 당신이 변화했다는 뜻입니다.

친구는 자주 바뀌는 것이 좋습니다. 아무리 사이가 좋은 친구라도 대화가 통하지 않으면 함께 있는 시간이 무의미하게 됩니다. 우정의 유통기한이 10년밖에 안 된다는 데이터도 있습니다.

친구와 더 이상 말이 통하지 않으면 신은 다른 친구를 구해줍니다. 그러니 새로운 세상 밖으로 나가보세요.

한번 완전체를 이룬 것은 점점 약해져 갑니다. 이는 인간관계뿐만 아니라 직장에서도 마찬가지지요.

같은 일을 꾸준히 한다는 건 멋진 일입니다만, 조금씩 변화를 주지 않으면 운은 꺾이기 마련입니다.

겉으로는 맨날 똑같은 일을 하는 것처럼 보이는 회사도 사실 조금씩 변화를 주고 있습니다. 오래된 기업은 여러 차례 새로운 일을 해나가며 변혁을 이루어 갑니다. 변화를 일으킬

Chapter 4
각오만 있다면 시련은 극복할 수 있다

가능성이 없어 보이는 회사는 위험합니다.

또 어떤 변화를 일으켜야 할 때는 자연스럽게 새로운 과제가 생깁니다.

다만 그것을 알아차리는 것이 중요합니다. 알면서도 무시하거나 미루지 않아야 합니다.

'이대로 가다간 헛수고가 되겠는데?'

'이 사람들과 있다가는 함께 떠내려가겠는걸. 나까지 삶의 목적을 잃어버릴 것만 같아'

이런 생각이 든다면, 그들과 어울리는 것을 그만두세요.

친구는 많으면 많을수록 좋습니다. 그렇다고 인연을 완전히 끊으라는 말은 아닙니다. 교우 관계의 폭을 좀 더 넓혀보세요.

갑자기 누군가의 얼굴이 떠올랐다면

Chapter 4
각오만 있다면 시련은 극복할 수 있다

문득 누군가의 얼굴이 떠올랐다면, 그건 그쪽에서 당신을 생각하고 있다는 뜻입니다.

하지만 여기서 핵심은 그것이 꼭 연애 감정에서 비롯된 건 아니라는 겁니다. 상대방이 당신에게 뭔가 부탁이나 의논하고 싶은 게 있다든지 업무 제안을 한다든지 하는, **즉 상대방이 당신을 생각하고 있다는 신호인 셈이지요**. 단, 갑자기 떠오른 상대방에게 당신이 마음을 품고 있을 때는 해당 사항이 없습니다. 좋아하는 사람의 얼굴은 쉴 새 없이 떠오르니까요.

그리고 얼굴이 떠올랐다고 해서 다 인연이 되는 것도 아닙니다. 사업 의뢰를 받았다고 해서 전부 받아들이는 게 꼭 좋은 것도 아니고요.

얼굴이 떠올랐을 때 가볍게 연락해 보고 싶은 마음에 자연스럽게 전화를 거는 행동은 아무런 문제가 없습니다.

하지만 연락해 보고 싶은 마음이 들지 않는다면 성가신 안건일 수도 있으니 굳이 연락하지 마세요.

하지만, 당신이 잊고 지냈던 일을 상대방은 아직도 기억하고 있을 수도 있습니다. 당신이 고대했던 일일 수 있으니 좋은 기회로 여기고 연락을 해 보는 것도 좋습니다.

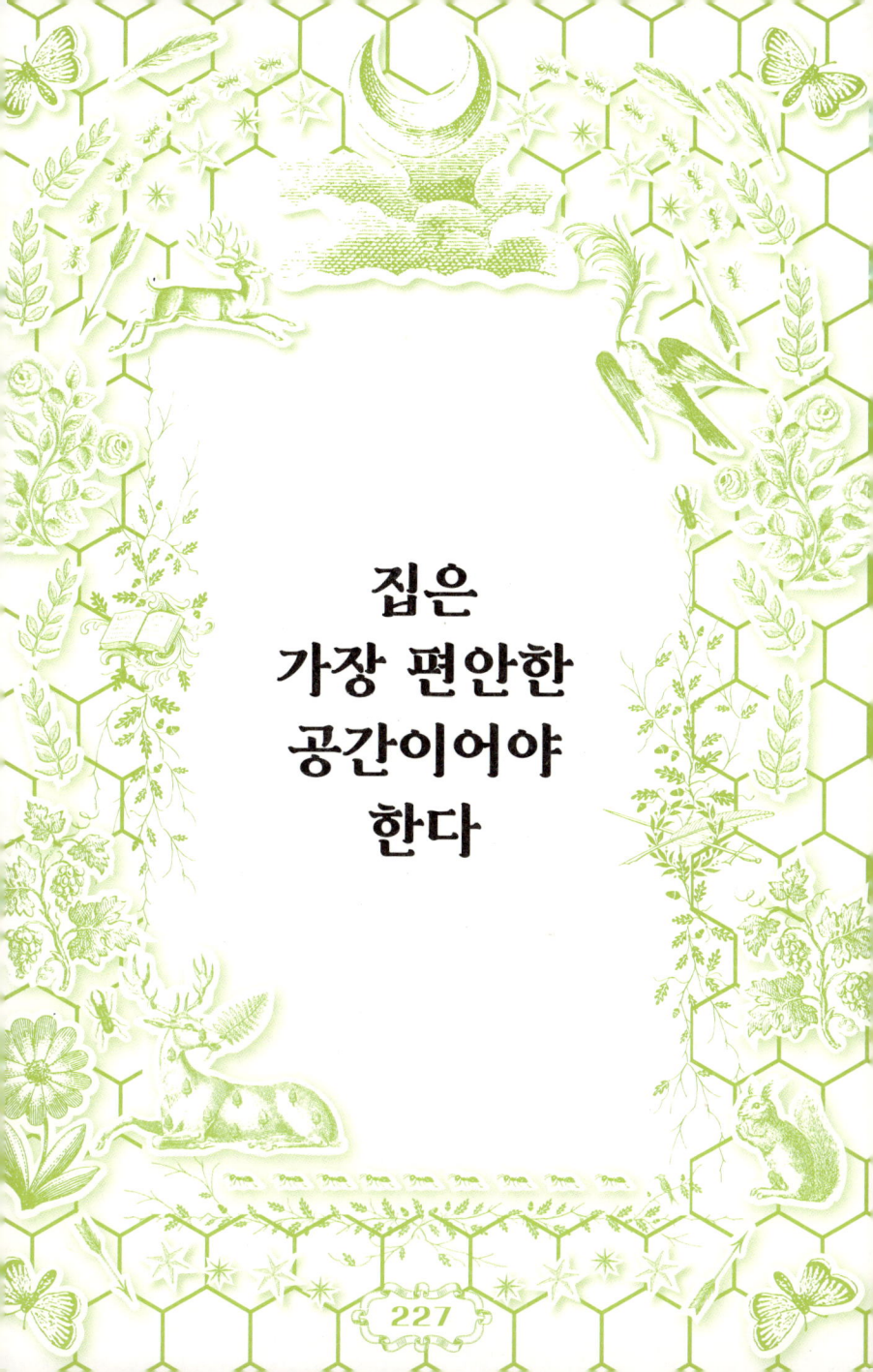

집은
가장 편안한
공간이어야
한다

Chapter 4
각오만 있다면 시련은 극복할 수 있다

스트레스를 집으로 가지고 돌아가는 일이 없도록 주의하세요. 짜증 나거나 부정적인 감정은 되도록 집 밖에서 풀고 돌아가야 합니다. 직장 문제가 얽힌 불쾌한 전화 통화는 집에서 하지 않아야 하고, 가족이나 연인과도 싸우지 않아야 합니다. 가족이나 연인과 싸우거나 스트레스가 쌓인다면 그 집에 더는 운이 없다는 신호입니다. 이럴 땐 그 집에서 나오는 방법도 있습니다.

절대 불행을 집으로 끌고 가서는 안 됩니다. 예를 들어 누구를 만났는데 너무 지친 상태라면 곧장 집으로 가지 말고, 다른 곳에 들렀다 가세요. 술집이나 노래방, 서점에 들르는 것도 좋습니다. 또 집에 도착하긴 전 역내 화장실 등 공중화장실에 들렀다면 바로 집으로 가지 마세요. 이런저런 음의 기운이 뒤섞여 있으므로 그것을 집으로 가지고 돌아가면 좋지 않습니다. 그런 곳에 갔다면 어딘가에 잠깐 들러서 정화한 후에 돌아가야 합니다. 편의점에서 가볍게 뭘 사는 것만으로도 효과가 있습니다. 돈을 쓰면 그걸로 액땜이 되기 때문입니다.

공짜로 쓴 것에 대한 대가를 치르면 불운은 오지 않습니다. 은혜를 갚은 셈이 되기 때문이지요.

집의 영향력은
생각보다
강하다

사실 아무리 좋게 짓는다 한들, 집의 운은 20년밖에 따르지 않습니다. 단, 20년마다 개축, 증축, 리모델링을 하는 경우는 예외입니다. 운의 기운을 높이는 데 가장 좋은 방법은 이사입니다. 그래서 집을 사는 건 추천하지 않습니다. 임대로 살아야 풍수적으로는 운이 더 따릅니다.

그렇다고 절대 사지 말라는 뜻은 아닙니다. 핵심은 허세를 부리지 않는 것입니다. 특히 무리해서 고가의 호화 저택을 지으면 운이 나빠집니다. 최악의 경우 그 호화 저택을 팔아치워야 하는 일이 생길 수도 있습니다. 집으로 허영을 부리면 질투와 시기를 사기 쉬우니 겸손함을 잃어서는 안 됩니다. 겸손함만 잃지 않으면 큰 문제는 안 생깁니다. 물론 돈이 차고 넘치는 경우는 예외겠지요.

사람의 운은 대개 20년 주기로 변합니다. 가족의 경우 아이가 태어나면 넓은 집으로 이사하고, 아이가 독립하면 부부는 다시 작은 집으로 이사합니다. 이 또한 대략 20년 주기로 이루어지기 때문에 운이 따르는 시기와도 얼추 들어맞습니다. 당신이 성인이 된 후 60년 동안, 20년마다 3번의 전환점

Chapter 4
각오만 있다면 시련은 극복할 수 있다

이 있다는 사실만 잊지 마세요. 한 집에서만 60년을 머문다면 그 집은 반드시 일어날 수밖에 없는 3번의 큰 변화를 어떻게 받아들일까요? **변화가 행운을 잡는 기회라면, 변화할 수 없는 건 불행이 닥치는 입구이기도 합니다.** 이처럼 집은 꽤 무서운 존재입니다.

현관은
안과 밖을
나누는
경계선이다

Chapter 4
각오만 있다면 시련은 극복할 수 있다

집에 돌아오면 신발을 가지런히 벗어 두세요.

집을 편안한 공간으로 만들기 위해서는 외부 세계와 내부 세계를 경계 지어야 합니다. 신발이 집 안을 향하면 외부 세계를 그대로 끌어당기는 셈이 됩니다. 다시 말해, 신발을 가지런히 두지 않고 벗어던져 놓으면 외부 상태가 그대로 유지되어 편히 쉴 수 없습니다. 반대로 집에서 일해야 하는 상황이라면 오히려 벗어던져 놓는 편이 좋을 수도 있습니다.

풍수로 따지면 현관은 사람의 입에 해당합니다. 그러니 당연히 늘 깨끗하게 관리해야겠지요? 현관에 신발이 잔뜩 나와 있다면 이는 이에 김이 껴 있는 거나 다름없는 상태입니다. **청소하지 않은 현관은 치석이 덕지덕지 껴 있고 양치질을 하지 않은 입속과 같지요.** 따라서 신발은 신을 것만 내놓고 반짝반짝 윤이 나게 하는 것이 좋습니다. '집의 입=자신의 입'이라고 보면 됩니다. 그래서 집 현관이 더럽다면 충치가 있을 수도 있습니다. 입속 환경이 안 좋으면 대화 속에서 가시 돋친 말이 나올 수도 있으니 언제나 입조심을 해야 합니다. 현관을 깨끗하게 하는 것만으로도 성격이 좋아질 수 있습니다. 석 달 정도만 마음먹고 해 보면 분명 운이 바뀌게 될 것입니다.

어린 시절에 하고 싶었지만 하지 못한 일

어린 시절에 하고 싶었지만 금지된 일이었거나 피치 못할 사정으로 지금껏 하지 못한 일이 있나요? **만약 지금 그 일을 할 수 있는 상황이라면 꼭 해 보세요. 거기에 반드시 운이 있습니다.**

하고 싶은 게 뭐였는지 도통 기억나지 않는다면 부모님께 물어보는 것도 한 방법이겠지요. '너, 어릴 때 ○○ 좋아했잖아' 하는 부모님 말씀에서 미처 생각지 못한 키워드를 발견할지도 모릅니다.

아니면 친한 사람에게 당신에게 어떤 게 어울리는지 물어보세요. 때마침 그것이 어렸을 때 하고 싶었던 일이라면 반드시 그 일을 하는 게 좋습니다. 점이나 심령 현상 등에 관심이 있었던 사람은 지금부터라도 점술가, 영적 상담사를 목표로 삼아 보세요.

어린 시절에 해 보지 못한 일은 훗날 열등감으로 이어지기도 합니다. '고작 그까짓 일로?' 하고 생각하실지도 모르겠지만, 어릴 때 하지 못했던 일을 어른이 되어서 하게 된다면 그것만큼 또 멋진 일이 있을까요? 그럼 당신 안에 있던 아이가

Chapter 4

각오만 있다면 시련은 극복할 수 있다

'이걸 할 수 있게 되다니!'라며 자신감에 부풀어 오르게 되고, 앞으로의 운도 바뀌게 될 것입니다.

자는 동안 운을 모으는 방법

Chapter 4
각오만 있다면 시련은 극복할 수 있다

　풍수에서는 자고 있을 때 운이 들어온다고 봅니다. 그래서 잠을 자면 운이 좋아지지요. 수면은 나쁜 운을 쫓아줍니다.

　따라서 무엇보다 안락한 수면 환경을 조성하는 것이 중요합니다. 예를 들어 이동 중인 전철이나 택시 등에서는 양질의 수면을 할 수 없으므로 좋은 운이 들어오지 않습니다. 시트나 베개 커버를 청결히 하는 것도 중요합니다. 세탁을 자주 하고 계절마다 새것으로 교체하는 것만으로도 운이 좋아집니다.

　더 욕심낸다면 침대보다 요를 깔고 자는 것이 좋습니다. 되도록 땅과 가까워야 안정적이고 좋은 기운이 들어옵니다. 물론 침대에서 자야 더 편한 사람은 굳이 바꾸지 않아도 됩니다. 하지만 조금이라도 불편함을 느끼면 바닥에 요를 깔고 자보세요.

　그런데 여러분은 꿈의 내용을 기억하시나요? 좋은 꿈, 나쁜 꿈, 누구나 자는 동안 다양한 꿈을 꿉니다. 현실에서는 도무지 있을 수 없을 법한 일들을 꾸기도 하지요. 만약 악몽을 꾸었다면 오히려 좋은 일이 생긴다는 징조일지 모릅니다.

귀는
활력의 원천

Chapter 4
각오만 있다면 시련은 극복할 수 있다

음양오행론에 따르면 신장은 '물의 기운'을 갖고 있고 성적인 것을 상징합니다. 귀와 신장은 둘 다 생김새가 비슷한 까닭에 귀를 신장으로 봅니다. 그래서 귀는 '성과 관련된 것'을 관장하지요. 즉, 인간에게 있어 활력의 원천이 되는 기관입니다.

따라서 운을 부르고 싶다면 귀를 문지르는 것도 효과가 있습니다. 활력에 자극을 가하는 것이지요. 우선 귀의 윗부분은 정신세계, 아랫부분은 현실 세계를 나타냅니다. **그래서 귀의 윗부분을 문지르면 안정감을 느끼거나 새로운 목표를 찾게 됩니다.** 갑자기 행운이 날아들 가능성도 있습니다. 매일매일 충실한 삶을 살고 싶은 사람은 이 부분을 문질러보세요. 그리고 해결하고 싶은 문제가 있거나 자신이 너무 앞서 나간 듯한 기분이 든다면 귀 한가운데를 문지르세요. 중립을 유지할 수 있게 됩니다. 참고로 귀를 종아리로도 여깁니다. 그 때문에 종아리를 문지르는 것도 운의 기운을 높이는 데 대단히 좋습니다.

자극이라는 점에서 보면 귀걸이도 한 가지 중요한 아이템이 됩니다. 귀 아래쪽에 달면 귓불이 늘어나 부처님 귀에 가까워집니다. 귀의 아래는 현실 세계를 관장하기 때문에 여기를 늘리면 수입과 직업적인 부분에서 안정감을 얻게 됩니다. 즉 +(플러스)로 돌아설 가능성이 크지요. 귓불을 문질러도 같은 효과가 있습니다.

귀에 큰 구멍을 뚫는 피어싱은 길흉이 어디로 튈지 솔직히 직접 해 보지 않고서는 모릅니다. 현재 피어싱을 하는 사람 중 컨디션이 별로 좋지 않다고 느끼는 사람은 피어싱을 빼면 컨디션이 회복되거나 운이 좋아질 수 있습니다. 누차 말씀드리지만, 현재 자신의 상황이 좋으면 그대로 두고, 안 좋을 때는 반대로 행동하는 것이 운을 좋은 방향으로 이끄는 지름길입니다.

당신의 귀는 어떻게 생겼나요? 귀를 형태별로 한번 살펴보겠습니다.

Chapter 4
각오만 있다면 시련은 극복할 수 있다

 귀의 윗부분은 정신세계, 아랫부분은 현실 세계를 나타낸다고 말씀드렸습니다. 귀 한가운데 연골이 툭 튀어나온 사람은 고집이 센 타입입니다. 이 점을 잘 살리면 톡톡 튀는 개성과 남다른 센스로 주목을 받게 됩니다.

 머리카락이 귀를 가리고 있어 귀의 아랫부분만 보이는 사람은 예술성이 돋보이는 타입입니다. 아티스트나 패션 쪽 일을 하는 사람 중에는 이런 귀를 가진 사람이 많습니다. 외계인처럼 귀 끝부분이 뾰족한 타입은 선생님, 지도자 등 가르치는 직업 쪽에 종사하는 사람이 많습니다. 여기에 해당하는 사람은 권위 있는 직업이 적합합니다.

 부처님처럼 귓불이 기다란 사람은 돈이나 지위 등 현실적으로 안정감을 주는 요소들을 많이 갖고 있습니다.

 참고로 귀가 둥그스름한 사람은 자기표현에 능합니다. 칭찬을 받으면 더욱 잘하는 타입입니다. 비교적 사각형으로 갸름한 귀를 가진 사람은 소통에 뛰어난 타입입니다. 기자, 작가, 사회자, 아나운서 같은 직업에 종사하는 사람이 많습니

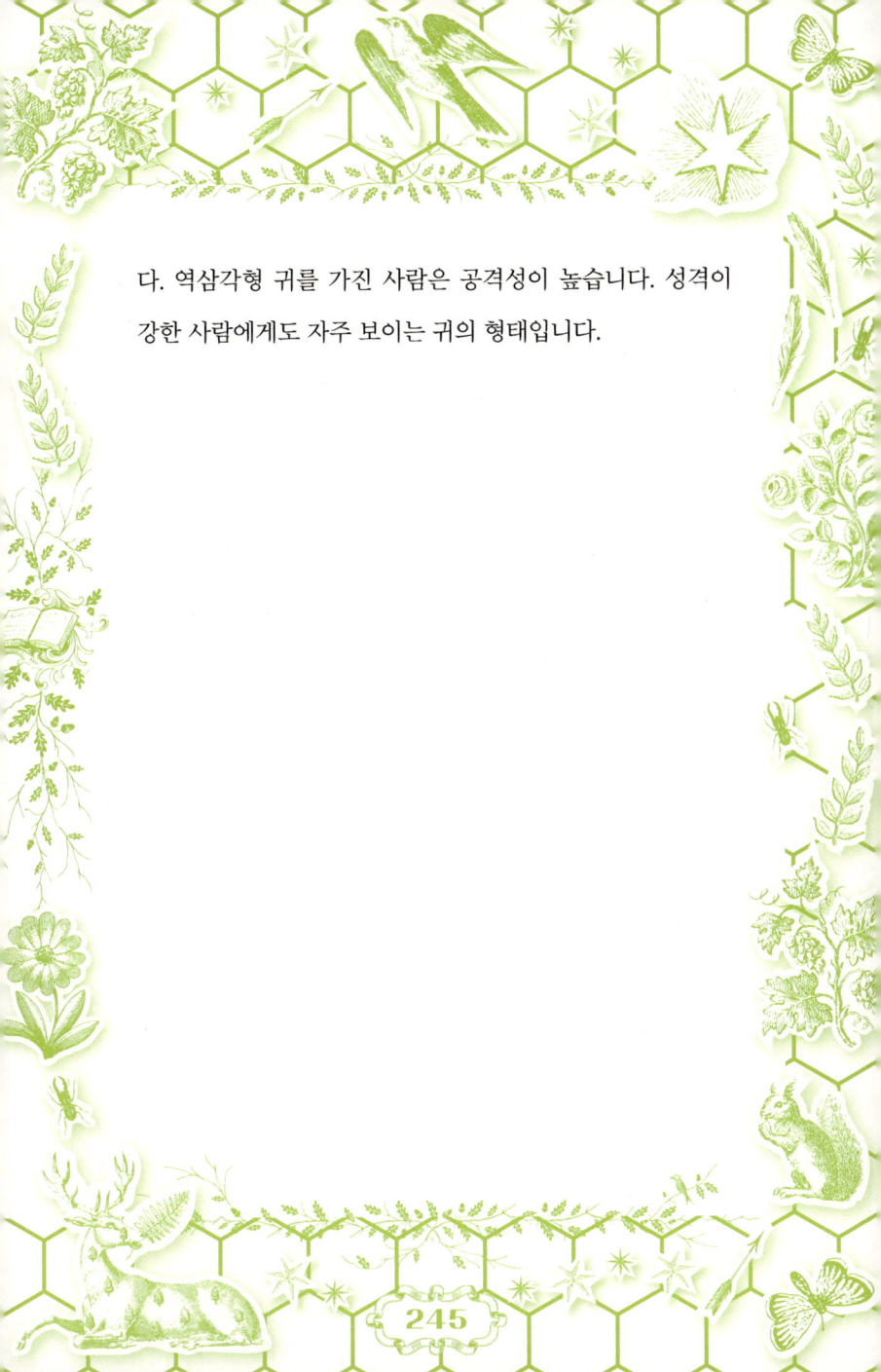

다. 역삼각형 귀를 가진 사람은 공격성이 높습니다. 성격이 강한 사람에게도 자주 보이는 귀의 형태입니다.

보름달이 뜨면 지갑을 흔들어라

돈이 필요한가요? 그렇다면 보름달을 향해 지갑을 흔들어 보세요. 딱 이 행동만 하면 됩니다. 보름달처럼 둥그런 달을 보면 지갑을 흔드세요. 이때 지갑은 조금 열어두는 게 좋겠지요?

보름달은 둥글둥글합니다. 보름달을 동전이라 생각하고 보름달이 지갑 속으로 들어오는 모습을 떠올려 보세요. '어서 들어와' 하고 염원하며 지갑을 흔들면 더욱 효과가 있습니다.

달의 인력을 이용하는 부분도 있습니다. 달과 운은 모두 일본어로 '츠키'라고 읽기 때문에 달이 '운'을 끌어당긴다고 봅니다. 말의 소리는 운과 깊은 관련이 있기 때문이지요.

만약 끌어당기고 싶은 것이 있다면, 보름달이 뜨기 3일 전부터 가능하면 야근을 하세요. 보름달이 뜬 당일에는 이미 에너지가 땅에 내려와 버렸을 수도 있습니다.

점성술로 따지자면 별의 움직임은 해당일 전후로 바뀔 수 있습니다. 사람에 따라 조금씩 다릅니다.

야밤에 밖에 나가 지갑을 흔들다 이웃과 마주치면 민망할

Chapter 4
각오만 있다면 시련은 극복할 수 있다

수 있겠지만, 부끄러워하지 말고 일단 해 보세요. 전봇대 전선이 없는 탁 트인 곳에서 하면 달의 힘을 바로 받을 수 있습니다.

핸드폰을 흔들면 좋은 연락이 온다

참고로 보름달이 뜬 날엔 지갑뿐만 아니라 스마트폰도 흔들어 보세요. 좋은 연락이 옵니다. **이 방법도 달의 인력을 통해 기쁜 연락을 끌어당깁니다.**

사람은 보름달이 뜨면 기분이 고조되며 행동력이 상승합니다. 욕구불만이 있는 사람은 원하건 원하지 않건 간에 전 남자 친구로부터 연락이 올지도 모릅니다. 상황에 따라 적절히 대처해 주세요.

좋은 연락을 바라는 사람은 구체적으로 말하기보다 그냥 가볍게 말해 보세요. '좋은 연락이 왔으면 좋겠어요', '좋은 소식 기다릴게요'와 같은 느낌입니다. 스마트폰 잠금은 해제하고 흔들어 보세요.

Chapter 4
각오만 있다면 시련은 극복할 수 있다

덧붙이자면, 민감한 사람은 보름달이 뜨면 몸이 안 좋아지기도 하니 특히 컨디션에 신경을 써주세요.

북서쪽은 부자가 되는 방향

Chapter 4
각오만 있다면 시련은 극복할 수 있다

북서쪽은 에너지가 매우 강한 방향입니다. '천문(天門)'이라고도 불리며 강한 기운을 내뿜지요. 북서쪽의 에너지를 더욱더 북돋우고 싶다면, 그곳에 아날로그 시계를 두세요. 디지털 시계로는 효과를 볼 수 없습니다.

'점(占)'이 생기던 무렵에는 아직 천동설이 지배적이었기 때문에, 행성이 지구 주위를 돈다고 생각했습니다. 즉, 북서쪽에 원을 그리는 무언가가 있으면, 하늘이 내린 은총과 행운이 깃든다고 여겨왔지요. 그런 이유로 북서쪽에 아날로그 시계를 두면 운의 기운이 상승하는 효과를 볼 수 있습니다.

금전운을 높이기 위해서는 서쪽에 주목해야 합니다. 북서쪽은 일로 성공을 거두어 금전운을 끌어들이고, 돈을 잘 굴릴 힘을 줍니다.

더욱이 권력이 있는 사람이나 기운이 강한 무언가의 사진을 두면 북서쪽의 에너지가 점점 커집니다. **나폴레옹의 사진이나 만화 속 강한 캐릭터, 역사상 인물이나 레슬링 선수, 탱크나 칼 사진도 괜찮습니다.** 권력으로 따지면 인기 있는 연예인도 좋습니다. 힘 있고 강한 사람이 금고를 지켜주는 덕분에 새어나가는 돈 또한 줄게 됩니다. 스캔들이 있는 사람은 피해야 좋겠지만, 스캔들이 나도 괜찮을 것 같은 사람은 운이 좋고 강한 인물이라는 뜻이니 적극적으로 사진을 활용해 보세요.

초승달이 뜨면
새로 시작하라

달은 '초승달-상현달-보름달-하현달-그믐달'에서 다시 초승달로 향하는 사이클이 반복됩니다. 그중에서도 특히 에너지가 강한 것은 초승달과 보름달입니다. 초승달과 보름달이 뜨는 날을 잘 사용하면 운이 좋아지고, 크나큰 변화를 일으킬 수 있습니다.

초승달이 뜨는 날은 새로 시작하는 날입니다. 이날 어떤 일을 시작하면 꾸준히 지속할 수 있습니다. 무언가를 결심하기에도 더없이 좋은 날이지요. 공부, 다이어트, 취미 등을 새로 시작하고 싶은 사람은 초승달이 뜬 날에 시작하면 목표를 달성하기가 한결 쉬워집니다. 이날 소원을 빌면 소원도 잘 이루어집니다. 그런데 어떤 원인을 알 수 없는 두통이나 복통이 생기는 등 신체에 어떤 변화가 있을 시에는 주의해야 합니다. 단, 변비 증상이 개선된 사람은 '디톡스 효과'가 나타났다고 볼 수 있습니다.

한편, 초승달이 뜨는 날은 고독을 느끼기가 쉽습니다. 나만 빼고 다들 바쁜지 아무런 연락이 오지 않기도 하지요. 이날은 특별한 일 없이 지나가는 날이니 별로 괘념치 마세요. 고

Chapter 4
각오만 있다면 시련은 극복할 수 있다

독이 꼭 나쁜 것만은 아닙니다. 나 자신과 차분히 마주하는 시간으로 사용하면 앞으로 무엇을 해야 할지 보이기 시작합니다.

상현달이 뜨는 날에 결정하라

Chapter 4
각오만 있다면 시련은 극복할 수 있다

상현달은 초승달과 보름달 사이에 뜹니다. 상현달이 뜨는 날은 결정을 내리기 좋은 날입니다.

며칠 전부터 골머리를 앓으며 결정을 못 내리고 있던 사람이라면 마음을 하나로 굳힐 수 있는 에너지를 받을 수 있습니다. 그러니 지금 결정하지 못한 일로 괴롭다면 상현달의 힘을 믿어 보세요. 상현달이 뜨는 날에는 좋은 결정을 할 수 있습니다.

다만, 이날은 공격성을 띠기 쉬우니 주의해야 합니다. 몸이 자극적인 것을 찾을 수 있습니다. 그래서 이런저런 사건 사고, 싸움 등 돌발 상황을 일으키기 쉽습니다. 하지만 이런 부정적인 기운을 긍정적으로 바꿀 수만 있다면 상현달의 힘은 최강이 됩니다.

이 본능적인 기운을 중화시키려면 매운 음식을 먹고 힘을 분산시키는 것도 좋습니다.

상현달 다음은 보름달입니다. 초승달이 뜨는 날 무언가를 시작했다면 보름달이 뜨는 날에는 시작했던 일이 최고조에 이르게 될 것입니다. 중간에 상현달이 뜰 때는 고민과 갈등을 겪지만, 그때 한 고생이 좋은 밑거름이 되어 보름달이 뜨는 날 달성할 수 있습니다.

보름달이 뜬 날 절정을 이루고, 보름달은 이제 하현달로 향합니다. 에너지가 점점 약해지는 것이죠. 그래서 현 상태 그대로 머물러 있어서는 안 됩니다. 새로운 것을 향해 씨를 뿌려 나가야 합니다.

하현달이 뜨는 날에는 현재 자신에게 부족한 것이 무엇인지 생각해 보거나, 열정을 태울 수 있는 다른 무언가를 찾아야 합니다. 앞서 일어난 일과 구분을 짓는다는 의미로도 볼 수도 있겠지요. 아니면 하던 일을 끝까지 불태우는 것도 좋습니다.

하현달에서 초승달로 가는 동안에는 일이 생각처럼 잘 풀리지 않거나 곤란한 일을 겪게 될 수도 있습니다. **이 기간에도 역시 포기하지 않는 것이 중요합니다.**

그래야 다음 초승달이 뜨는 기간에 모든 마이너스 요소를 제거하고 새롭게 시작할 수 있습니다.

돈을 씻으면
금전운이
좋아진다

파워 스폿에 흐르는 물로 동전을 씻으면 금전운이 좋아집니다. 동전을 물로 씻을 수 있도록 바구니를 놓아두는 절도 있습니다. 깨끗한 물로 씻으면 그 터의 기운을 받기 때문에, 그 동전을 쓰면 운이 되돌아옵니다. 집에서 씻는 것도 좋습니다.

지폐도 씻을 수 있습니다. 이때 씻은 지폐는 다른 지폐와 구분해 넣습니다.

원래 지폐는 접지 않고 큰 금액의 지폐를 뒤에 오게끔 넣어야 운이 쌓입니다만, 씻은 지폐만은 따로 접어서 넣어 두세요. 그리고 사용하지 않아야 합니다. 돈이 필요하면 쓸 수밖에 없겠지만 소중하게 사용하면 금전운이 좋아집니다. 만약 지위가 있는 사람으로부터 택시비나 돈을 받으면 써버리지 말고 절에서 씻은 지폐와 함께 넣어 두세요. 여러 가지로 좋은 일이 생깁니다. 자신보다 돈을 잘 버는 사람이나 운이 좋은 사람과 돈을 맞바꾸는 것도 굉장히 좋은 방법입니다. 당신 눈에 운이 좋아 보이는 사람이면 OK입니다. 강한 기운이 모여들 겁니다.

또 지폐와 동전을 달빛에 월광욕시키는 것도 좋습니다.

Chapter 4
각오만 있다면 시련은 극복할 수 있다

변화를 부르는 방향

 당신의 집 북동쪽에는 무엇이 있습니까? 그곳에 가면 당신에게 어떤 변화가 생길지도 모릅니다. 북동쪽은 변화를 나타내는 방향입니다. 가상(家相)에서는 '귀문(鬼門)'이라고도 부릅니다.

 귀문은 원래 안 좋은 방향이라고 여겨져 왔는데, 실은 그렇지 않습니다. 변화를 일으키는 방향이니 자주 북동쪽으로 발걸음을 향해보세요.

 멀리 가면 갈수록 운이 강해집니다. 거리만큼 고무줄이 늘어났다가 반동으로 다시 튕겨오는 모습이랄까요? 쉬는 날, 자전거를 타고 다녀오는 것만으로도 효과를 볼 수 있습니다. 바퀴가 굴러갈수록 운이 들어옵니다. 자동차도 좋겠지요. 자전거나 자동차가 없는 사람은 북동쪽을 향해 걷는 것도 괜찮습니다.

일단 걸으세요. 그리고 변화를 찾아보세요.

북동쪽으로 멀리 가면 갈수록 운은 더욱 좋아집니다.

남쪽	출세, 명성, 주목, 이별
남동쪽	결혼운, 소통력 향상
동쪽	원기, 활력, 행동력 상승
북동쪽	변화, 게임운, 정지시키는 운
북쪽	연애운, 만남
북서쪽	건강운, 업문
서쪽	레저, 미팅운, 금전운
남서쪽	저금, 저축, 협동성, 인기운

운은 등으로
들어온다

세상의 모든 네발 달린 동물은 태양 빛을 등으로 받으며 컨디션을 조절하거나 태양의 에너지를 흡수합니다.

머리, 등, 팔, 다리 등 신체 각 부위에는 저마다 의미가 있습니다. 등은 사람의 '자신감'을 나타내는 부위입니다. 점성술의 관점에서 보면 신체 부위는 각 별자리와 짝을 이룹니다. 등은 사자자리입니다. 참고로 머리는 양자리, 목은 황소자리, 팔은 쌍둥이자리, 심장은 게자리, 장은 처녀자리, 신장과 방광은 천칭자리, 생식기는 전갈자리, 허벅지는 사수자리, 무릎은 염소자리, 정강이는 물병자리, 발목은 물고기자리입니다. 그래서 양자리는 두뇌 회전이 빠르고, 황소자리는 목을 사용하면 운이 좋아집니다. 이처럼 신체는 각 별자리의 강점이 됩니다.

사자자리는 '자신감'이나 '자기표현'의 별자리입니다. 그래서 등을 곧게 펴는 것이 매우 중요합니다. **자신감이 떨어질 때는 등을 꼿꼿이 세우고 점심시간에 밖에 나가 태양이 내뿜는 에너지를 받아 보세요.** 틀림없이 당신의 에너지를 높

Chapter 4
각오만 있다면 시련은 극복할 수 있다

일 겁니다.

만약 누군가 당신의 뒷모습을 칭찬한다면 당신의 자신감과 자기표현의 운이 충만해졌다는 뜻입니다. '등으로 말한다'라는 말도 있지요. 현재 자신의 등이 어떤 모습인지 신경 써 주세요.

덧붙여서, 운이 좋은 사람이 등을 만져주면 운이 좋아집니다. 거꾸로 이상한 사람이 자신의 등에 닿게 되면 재수 없는 일이 생깁니다. 등을 통해 힘을 뺏길 수도 있으므로 조심해야 합니다. 자신의 등 뒤에 서 있는 사람에게는 특히 주의를 기울이세요.

버스나 영화관에서 뒷자리에 앉은 사람도 매우 중요합니다. 뒷자리에 기운이 좋은 사람이 앉으면 행운이지만, 기운이 안 좋은 사람이 앉으면 운을 뺏깁니다.

위험을 피하려고 되도록 맨 뒷자리에 앉으려고 합니다만, 어떻게 할 건지는 자신의 선택이겠지요.

또 운을 부르려면 배낭은 메지 않는 것이 좋습니다. 꼭 등에 가방을 메야 하는 상황이라면 짐의 무게를 줄여 보세요. 짐이 무거우면 운이 꺾일 수 있습니다.

잠잘 때도 좋은 요를 깔고 자면 운의 기운이 상승합니다.

마치며

나 자신을 바꾸기란 참으로 어려운 일입니다.

이 책에서는 사람과의 만남이 이를 도와줄 것이라고 밝혔습니다만, 만남에는 그 이상의 의미와 인연이 있습니다. 동경하는 사람이나 현재 자신에게 필요한 사람과 만나는 일은 언제나 즐겁습니다.

하지만 시련을 주는 만남도 있습니다.

무엇을 해도 잘 안 맞는 사람, 항상 부정적인 말만 하는 사람 등 아무래도 '싫은 사람'이 있기 마련이지요. 이런 만남이 생기는 까닭은 알게 모르게 자신도 누군가에게 그런 인상을 주고 있기 때문입니다.

'스스로 깨달아라, 그리고 고쳐라' 하고 신이 가르쳐 주는 것이지요. 그래서 싫은 사람에게 아무리 불평불만을 쏟고 화를 내봤자 변하는 건 아무것도 없습니다. 하지만 그런 사람과의 꼬인 매듭을 잘 풀면 스스로 변하게 됩니다. 다시 말해 한 단계 더 나아갈 수 있게 되는 것이지요.

그럼 자신이 변했다는 건 어떻게 알 수 있을까요? 좋은 사람과의 만남이 많아지면 변화가 왔다는 신호입니다. 좋은 인연이 생기면 사람을 대하는 태도도 달라지고 점점 더 좋은 인연을 끌어당기게 됩니다.

이처럼 사람과의 만남은 현재 자신의 약점을 떠오르게 하며 자신이 해야 할 일을 일러 줍니다. 그것을 순순히 받아들일 수만 있다면 영혼이 한층 성숙해지고 운의 기운도 좋아집니다.

인생이 잘 안 풀린다면 '여기에 어떤 의미가 있는 건 아닐까?' 하고 먼저 생각해 보세요.

절망 속에는 행운이 들어있습니다.

그때 자신을 변화시킬 수 있는지 없는지, 각오를 굳게 다질 수 있는지 없는지가 당신의 인생을 좌우합니다.

물론 누구도 가슴을 쓸어내릴 만한 큰일을 겪고 싶지는 않겠지요. 하지만 이러한 경험이야말로 진정한 기회입니다. 충격이 크면 클수록 사람은 크게 변화합니다. 인생에서 쓰러

마치며

넘어지고 좌절할 때일수록 행복의 기회를 얻는 과정이라고 생각하세요. 깨달아야 할 무언가를 찾기 위해 일단은 모든 것을 잃는 일이 생길 수도 있습니다.

고통 속이라도 한 줄기 희망의 빛은 있습니다. 그 빛을 잡기 위해 발버둥을 치며 쓰디쓴 고난을 겪게 됩니다. 그런 험난한 과정을 정면으로 맞설 수 있는 사람은 아주 강한 사람입니다. 걱정할 것 하나 없습니다. 신은 모든 걸 다시 찾을 수 있는 사람에게만 모든 걸 잃게 합니다.

지금까지 쌓아 올린 것이 몽땅 무너져 내렸다면 이제는 행운이 찾아올 일만 남았습니다. 모든 것이 전보다 더욱더 좋은 방향으로 흘러갈 것입니다.

행운의 기회가 어디에 있는지 주위를 잘 둘러보세요. 이 책도 그중 하나이지 않을까요? 변하려면 어떤 만남이 필요합니다.

이 책을 손에 든 모든 분을 위해, 그리고 당신을 위해 행복을 빌겠습니다.

러브미두

타고난 운을 바꿔드립니다
소소하지만 확실한 운 사용법

발행일 2021년 5월 7일
펴낸곳 현익출판
발행인 현호영
지은이 러브미두
옮긴이 장하나
주 소 서울시 마포구 월드컵북로 58길 10, 팬엔터테인먼트 9층
팩 스 070.8224.4322
이메일 uxreviewkorea@gmail.com

ISBN 979-11-88314-79-9

UMARE HA ANATA O SHIHAI SURUKEDO KAWARUKOTO
DAKE GA UN O YOKUSURU written by Love Me Do
Copyright ©2020 by Love Me Do, Yoshimoto Kogyo. All rights reserved.
Originally published in Japan by Nikkei Business Publications, Inc.
Korean translation rights arranged with Nikkei Business Publications, Inc.
through Korea Copyright Center Inc.

이 책은 (주)한국저작권센터(KCC)를 통한 저작권자와의 독점계약으로 현익출판에서 출간되었습니다. 저작권법에 의해 한국 내에서 보호를 받는 저작물이므로 무단전재와 복제를 금합니다.

현익출판은 골드스미스 출판그룹의 단행본 브랜드입니다.
유엑스리뷰는 여러분의 소중한 원고를 기다리고 있습니다.
원고 투고는 아래 이메일을 이용해주세요.
여러분의 가치 있는 아이디어와 경험을 많은 사람과 나누기 바랍니다.

✉ uxreviewkorea@gmail.com